道路交通事故
深度调查实务指引

《道路交通事故深度调查实务指引》编写组 编

人民交通出版社

北 京

内 容 提 要

本书主要内容包括道路交通事故深度调查的理论基础、道路交通事故深度调查流程、道路交通事故深度调查的法律责任认定及相关结果运用、交通警察渎职犯罪的惩戒与预防。本书理论联系实际，方便读者全面了解道路交通事故深度调查的重要意义、应用流程以及职务犯罪预防。

本书可供公安机关交通管理部门从业人员参考使用。

图书在版编目（CIP）数据

道路交通事故深度调查实务指引／《道路交通事故深度调查实务指引》编写组编. —北京：人民交通出版社股份有限公司，2025.5.—ISBN 978-7-114-20052-6

Ⅰ.U491.31

中国国家版本馆 CIP 数据核字第 2024D09Y40 号

书　　名：	道路交通事故深度调查实务指引
著 作 者：	《道路交通事故深度调查实务指引》编写组
责任编辑：	郭晓旭
责任校对：	卢　弦
责任印制：	张　凯
出版发行：	人民交通出版社
地　　址：	（100011）北京市朝阳区安定门外外馆斜街 3 号
网　　址：	http://www.ccpcl.com.cn
销售电话：	(010)85285857
总 经 销：	人民交通出版社发行部
经　　销：	各地新华书店
印　　刷：	北京科印技术咨询服务有限公司数码印刷分部
开　　本：	720×960　1/16
印　　张：	8.5
字　　数：	132 千
版　　次：	2025 年 5 月　第 1 版
印　　次：	2025 年 5 月　第 1 次印刷
书　　号：	ISBN 978-7-114-20052-6
定　　价：	68.00 元

（有印刷、装订质量问题的图书，由本社负责调换）

PREFACE 前言

党和国家高度重视安全生产工作。习近平总书记指出,要健全风险防范化解机制,坚持从源头上防范化解重大安全风险,真正把问题解决在萌芽之时、成灾之前。❶

道路交通事故调查处理作为国家安全生产工作的重要一环,事关社会公平正义,事关公安机关执法公信力,需要从事故中深度挖掘潜藏在其背后的问题根源、事故隐患,这就需要公安机关交通管理部门认真开展深度调查工作。道路交通事故深度调查是指以有效预防道路交通事故为目的,对道路交通事故发生的深层次原因以及道路交通安全相关因素开展延伸调查,分析查找安全隐患、管理漏洞及薄弱环节,提出针对性的意见和建议,推动相关部门、行业、企业整改问题和追究责任。2017年,《道路交通事故处理程序规定》(公安部令第146号)修订发布,明确提出,对发生一次死亡三人以上道路交通事故的,公安机关交通管理部门应当开展深度调查;对造成其他严重后果或者存在严重安全问题的道路交通事故,可以开展深度调查。随后,公安部交通管理局下发了《道路交通事故深度调查工作规范(试行)》,对道路交通事故深度调查的具体程序作出了规定。

通过走访调研、基层反馈,我们了解到,实践中基层民警普遍不清楚如何开展事故深度调查工作。为此,本书以党的二十大报告中提出的"建设更高水平的平安中国""推进法治中国建设"的要求为指导思想,以《道路交通事故处理程序规定》关于深度调查的要求为基础,以

---

❶出自《人民日报》(2019年12月01日01版)。

《道路交通事故深度调查工作规范(试行)》具体规定为框架,以道路交通事故深度调查工作为研究对象,围绕公安机关交通管理部门道路交通事故深度调查工作,收集整理了深度调查工作报告 300 余份、裁判案例 1000 余件,深入剖析了相关责任主体刑事、行政、民事三大法律责任认定以及结果运用;实地调研了当前道路交通事故深度调查工作办案工作机制以及存在的问题,系统提出了对于实务办案的具体意见;研究梳理了深度调查中机动车驾驶人调查事项 4 项、机动车深度调查事项 3 项、道路深度调查事项 5 项、相关企业和管理人深度调查事项 25 项、政府和相关部门调查事项 80 项,明确了道路交通事故深度调查流程。本书力求推动各级公安机关交通管理部门把道路交通事故深度调查工作落地、落实,努力把道路交通事故隐患化解在源头,以高水平安全保障高质量发展。

《道路交通事故深度调查实务指引》编写组
2025 年 5 月

CONTENTS 目 录

1 道路交通事故深度调查的理论基础 ·· 1
  1.1 道路交通事故深度调查的概念及分类 ·· 2
    1.1.1 相关概念的厘清 ·· 2
    1.1.2 道路交通事故的分类 ·· 5
  1.2 道路交通事故深度调查的责任主体与责任追究对象 ···················· 6
    1.2.1 道路交通事故深度调查的责任主体 ·································· 6
    1.2.2 道路交通事故深度调查的责任追究对象 ··························· 6
  1.3 公安机关交通管理部门的职责定位 ·· 7
    1.3.1 公安机关交通管理部门的双重职责 ·································· 7
    1.3.2 公安机关交通管理部门的双重身份 ·································· 7
  1.4 开展道路交通事故深度调查的必要性和可行性 ·························· 8
    1.4.1 道路交通事故深度调查的必要性 ····································· 8
    1.4.2 道路交通事故深度调查的可行性 ··································· 10
  1.5 我国道路交通事故深度调查的现状、问题与展望 ······················ 11
    1.5.1 我国道路交通事故深度调查情况 ··································· 11
    1.5.2 我国道路交通事故深度调查的亮点 ································ 12
    1.5.3 我国道路交通事故深度调查的问题 ································ 14
    1.5.4 国外道路交通事故深度调查简况 ··································· 15
    1.5.5 我国道路交通事故深度调查的完善建议 ························· 19

2 道路交通事故深度调查流程 ·· 20
  2.1 道路交通事故深度调查的主体及范围 ······································ 20
  2.2 道路交通事故深度调查的工作机制 ·· 21
    2.2.1 重特大道路交通事故调查的工作机制 ····························· 21
    2.2.2 道路交通事故深度调查的工作机制 ································ 22
  2.3 道路交通事故深度调查的基本方向 ·· 24
    2.3.1 机动车驾驶人的调查事项 ··· 24

  2.3.2 机动车的调查事项 ………………………………………… 25
  2.3.3 道路的调查事项 …………………………………………… 26
  2.3.4 相关企业及生产安全责任人的调查事项 ………………… 27
  2.3.5 政府及相关行政主管部门的调查事项 …………………… 35

3 道路交通事故深度调查的法律责任认定及相关结果运用 …… 44
 3.1 违法驾驶人的法律责任 …………………………………………… 44
  3.1.1 刑事责任 …………………………………………………… 44
  3.1.2 行政责任 …………………………………………………… 52
  3.1.3 民事责任 …………………………………………………… 57
 3.2 企业及生产安全责任人的法律责任 ……………………………… 61
  3.2.1 刑事责任 …………………………………………………… 67
  3.2.2 行政责任 …………………………………………………… 99
  3.2.3 民事责任 …………………………………………………… 101
 3.3 行政主管部门的法律责任 ………………………………………… 107
  3.3.1 刑事责任 …………………………………………………… 107
  3.3.2 行政责任 …………………………………………………… 110

4 交通警察渎职犯罪的惩戒与预防 ……………………………… 112
 4.1 交通警察渎职犯罪的构成要件 …………………………………… 112
  4.1.1 交通警察须具有法定且明确的道路交通安全管理职责 … 113
  4.1.2 交通警察未依法正确履行职责的客观事实 ……………… 120
  4.1.3 未正确履行职责和交通事故发生之间具有因果关系 …… 122
  4.1.4 损害结果的发生 …………………………………………… 124
 4.2 交通警察渎职犯罪的原因 ………………………………………… 126
 4.3 交通警察渎职犯罪的预防建议 …………………………………… 127

参考文献 …………………………………………………………………… 129

1　道路交通事故深度调查的理论基础

　　道路交通事故预防是一项系统工程,离不开安全技术、安全教育、安全管理三方面互相配合。传统的道路交通事故调查聚焦于道路交通事故的直接原因,而道路交通事故深度调查工作则将调查范围扩大到道路交通事故的间接原因,特别是安全管理责任的落实方面。当前,我国道路交通事故呈现出总量大、伤亡多的特征,道路交通安全形势与人民日益增长的安全出行需要之间的矛盾依然突出。面对严峻的道路交通安全形势,能否有效提高交通事故预防水平,是国家社会治理体系和治理能力的重要体现,直接关系人民群众的安全感、幸福感,直接决定加强保障和改善民生的国家战略目标能否顺利实现,具有重大战略意义。党中央、国务院高度重视道路交通安全工作,印发了《中共中央　国务院关于推进安全生产领域改革发展的意见》《国务院关于加强道路交通安全工作的意见》(国发〔2012〕30号)等重要文件,对事故预防工作提出了更高的要求。2017年,全国人民代表大会常务委员会执法检查组关于检查《中华人民共和国道路交通安全法》实施情况的报告中,就"运输企业交通安全主体责任不落实"和"一些地方以及有关部门存在有法不依、执法不严"两方面提出了"源头治理"的要求。《道路交通事故处理程序规定》(公安部令第146号)要求,"对发生一次死亡三人以上道路交通事故的,公安机关交通管理部门应当开展深度调查;对造成其他严重后果或者存在严重安全问题的道路交通事故,可以开展深度调查",为加强道路交通事故源头治理提供了新的抓手。2017年6月,公安部交通管理局下发了《道路交通事故深度调查工作规范(试行)》,对道路交通事故深度调查的具体程序作出规定。据了解,2023年各地公安交通管理部门对455起较大道路交通事故开展深度调查,共调查发现各类交通安全隐患16547个,其中涉及人、车、企源头隐患6963个,涉及道路安全隐患6601个,涉及部门监管漏洞隐患891个。

　　当前道路交通事故深度调查工作还存在追责问责不到位、协作机制不完善、能力水平待提高等问题,需要进一步与应急管理、交通运输、检察院、法院、纪检监察等部门加强协作配合,完善联合调查、案件移交、溯源追责和跟踪督办等工作机制,形成问题联治、工作联动、责任共担的交通安全工作合力,推动追责落实到位。同时,要强化队伍建设,注重专业人才培养,提升深度调查队伍专业能力水平,不断提高事故预防工作的针对性、有效性、科学性。

1.1 道路交通事故深度调查的概念及分类

1.1.1 相关概念的厘清

1.1.1.1 法律责任与事故责任

责任的含义比较复杂,通常的含义有两种:一是应做的分内之事,从某种角度依照某种标准,人们应当从事的某种行为,例如道德责任、岗位责任;二是没有做好应该做的事情,应当承担的某种后果。

从法律的角度看,"法律责任"是指的是行为人由于违反了国家法律法规的规定,而承担的不利的、否定性的并带有强制性的后果。法律责任的概念包括以下几层含义:一是承担法律责任的主体既包括公民、法人,也包括机关、企业、事业单位和其他社会组织;既包括中国公民,也包括外国人和无国籍的人;二是行为人实施违法行为是承担法律责任的核心要件;三是法律责任是一种消极的法律后果,是对行为人的否定性评价,是一种惩戒性的负担;四是法律责任只能由法律授权的国家机关予以追究。

在公安交通管理领域,道路交通事故法律责任,是指道路交通事故责任人由于违反了有关法律、法规的规定,妨害道路交通秩序,侵犯公共财产权或者侵犯个人人身或财产权,而需要承担的法律责任。根据行为违反法律性质的不同,道路交通事故法律责任可以分为道路交通事故刑事法律责任、道路交通事故行政法律责任和道路交通事故民事法律责任。一是道路交通事故刑事法律责任,指由于行为人违反了刑事法律法规的规定,侵犯公共财产权或者侵犯个人人身或财产权,而需要承担的道路交通事故法律责任。根据《中华人民共和国刑法》(简称《刑法》)的规定,道路交通事故刑事法律责任可能涉及 20 多个罪名,包括交通肇事罪、危险驾驶罪、重大责任事故罪、危险物品肇事罪、滥用职权罪、玩忽职守罪、生产销售不符合安全标准的产品罪、提供虚假证明文件罪等。二是道路交通事故行政法律责任,指由于行为人违反了道路交通安全行政法律法规,侵犯公共财产权或者侵犯个人人身或财产权,而需要承担的道路交通事故法律责任。根据《中华人民共和国行政处罚法》(简称《行政处罚法》)、《中华人民共和国道路交通安全法》(简称《道路交通安全法》)、《中华人民共和国公务员法》(简称《公务员法》)、《中华人民共和国公职人员政务处分法》(简称《政务处分法》)等法律法规规定,道路交通事故行政法律责任可以分为两类:针对国家公职人员的行政责任,包括公务员处分、事业单位工作人员处分、党内处分等,种类包括警告、记过、记大过、降级、撤职和开除等;针对行政相对人的行政责任,通常是指行政处罚,包括警告、通报批评、罚款、没收违法所得、没收非法财物、暂扣许可证件、降低资质等级、吊销许可证件、限制开展生产经营活动、责令停产停业、责令关闭、限制从业和行政拘留等。三是道路交通事故民事法律责任,指由于行为人违反了民事法律法规、法律基本原则或者日常契约精神,侵犯了个人人身或者财产权,而需要承担的道路交通事故法律责任。根据《中华人民共和国民法典》(以下简称《民法典》)等民事法律法规规定,道路交通事故民事法律责任可以分为两类:涉及机动车驾驶人、所有人、管理人、承包人等主体的侵权责任;涉及机动车生产、销售、保养、维修、道路运输经营、互联网管理平台和保险公司等主体应当承担的合同责任。

根据《道路交通安全法》的规定,道路交通事故责任是指公安机关在查明交通事故原因后,依照道路交通管理的法律、法规和规章,对当事人在交通事故中所起的作用以及过错的严重程度作出的定性、定量的结论,也是用以说明事故发生原因的结论。交通事故责任是具有一定客观性的概念,它反映的是在一起交通事故中交通参与者的交通行为是否与交通事故的后果有因果关系,在多大程度上存在因果关系的问题。因此,道路交通事故责任虽然被冠以"责任"之名,但它本身并不是一般含义上的法律责任。它的内涵是当事人违反交通管理的行为对道路交通事故发生所起到作用的大小,类似于我们依据"过错"来确定法律责任——过错大,承担的法律责任就相对较重;过错小,承担的法律责任就相对较轻。因此,道路交通事故责任虽然直接关系当事人法律责任的承担,但它却并不是道路交通事故法律责任本身,而是决定当事人是否承担道路交通事故法律责任以及责任大小的一个至关重要的因素。

1.1.1.2 道路交通事故调查与道路交通事故深度调查

《道路交通安全法》第一百一十九条对道路交通事故作了明确界定：道路交通事故是指车辆在道路上因过错或者意外造成的人身伤亡或者财产损失的事件。

道路交通事故调查是指在道路交通事故发生后，公安机关交通管理部门根据法定职责，以道路交通事故现场为中心，围绕道路交通事故发生的过程、造成事故发生的直接原因及后果等问题所进行的一系列调查研究活动，包括道路交通事故现场勘查、检验鉴定、讯（询）问相关人员等。道路交通事故调查是道路交通事故处理的重要环节，是道路交通事故事实认定、责任追究、损害赔偿调解和道路交通安全隐患治理的基础。

道路交通事故深度调查不同于道路交通事故调查，是指以有效防范道路交通事故为目的，对道路交通事故发生的深层次原因以及道路交通安全相关因素开展延伸调查，分析查找安全隐患及管理漏洞，并提出从源头解决问题的意见和建议的活动❶，其核心是"溯源成因、落实责任、曝光问题、倒逼整改"。实践证明，开展道路交通事故深度调查便于深入查找安全隐患和管理漏洞，可有效提高道路交通事故预防工作的针对性、有效性和科学性。

1.1.1.3 重特大道路交通事故调查与道路交通事故深度调查

重特大道路交通事故调查与道路交通事故深度调查属于性质不同的2种调查途径。

(1)调查性质方面。重特大道路交通事故调查是指根据《生产安全事故报告和调查处理条例》（国务院令第493号），在发生特大、重大道路交通事故后国务院或者国务院授权的有关部门、省级地方政府或者省级地方政府授权或者委托的有关部门组织事故调查组开展调查，属于政府部门的调查事项；道路交通事故深度调查不同于重特大道路交通事故调查，依据《刑法》《道路交通事故处理程序规定》等法律法规，在道路交通事故发生之后，由公安机关交通管理部门根据刑事侦查权开展调查，属于司法调查。

(2)调查主体方面。重特大道路交通事故调查的调查主体是事故调查组，由

---

❶《道路交通事故处理程序规定》第一百一十二条。

有关人民政府、安全生产监督管理部门、负有安全生产监督管理职责的有关部门、监察机关、公安机关以及工会派人组成,并应当邀请人民检察院派人参加。同时,事故调查组还履行查明事故发生的经过、原因、人员伤亡情况及直接经济损失;认定事故的性质和事故责任;提出对事故责任者的处理建议;总结事故教训,提出防范和整改措施;提交事故调查报告等职责。而道路交通事故深度调查主体是公安机关交通管理部门,在调查过程中,基于办案需要邀请业界专家组建深度调查专家组。深度调查专家组负责对道路交通事故发生的深层次原因以及道路交通安全相关因素开展延伸调查,分析查找安全隐患、管理漏洞及薄弱环节,提出针对性的意见和建议,推动相关部门、行业、企业整改问题和追究责任。

(3)启动条件方面。重特大道路交通事故调查的启动条件是发生重特大道路交通事故;而道路交通事故深度调查的启动条件一般是发生较大道路交通事故。

(4)结果运用方面。重特大道路交通事故调查中获取的证据,无法直接作为行政处罚、刑事审判的证据,重特大道路交通事故调查报告中对企业、驾驶人的处罚也是停留在"建议"层面;而道路交通事故深度调查中获取的证据,可以直接作为公安机关交通管理部门行政处罚、刑事侦查的证据。

1.1.2 道路交通事故的分类

《中华人民共和国安全生产法》(简称《安全生产法》)明确了安全生产事故分为一般事故、较大事故、重大事故、特别重大事故,并将相关划分标准授权国务院制定。《生产安全事故报告和调查处理条例》第三条明确:特别重大事故,是指造成30人以上死亡,或者100人以上重伤(包括急性工业中毒,下同),或者1亿元以上直接经济损失的事故;重大事故,是指造成10人以上30人以下死亡,或者50人以上100人以下重伤,或者5000万元以上1亿元以下直接经济损失的事故;较大事故,是指造成3人以上10人以下死亡,或者10人以上50人以下重伤,或者1000万元以上5000万元以下直接经济损失的事故;一般事故,是指造成3人以下死亡,或者10人以下重伤,或者1000万元以下直接经济损失的事故。

按照道路交通事故的性质,道路交通事故深度调查工作可以分为安全生产类道路交通事故深度调查工作和非安全生产类道路交通事故深度调查工作;按照道路交通事故一次死亡人数,道路交通事故深度调查可以分为一次死亡30人以上的道路交通事故、一次死亡10人以上的道路交通事故和一次死亡3人以上的道路交通事故。《道路交通事故深度调查工作规范(试行)》没有将非安全生产类道路交通事故排除在深度调查工作之外,体现了公安机关交通管理部门对于"减量控大""排除隐患"的决心。

1.2 道路交通事故深度调查的责任主体与责任追究对象

1.2.1 道路交通事故深度调查的责任主体

责任主体是指因违反法律、约定或法律规定的事由而承担法律责任的人,包括自然人、法人和其他社会组织。道路交通事故深度调查法律责任主体具有多样性的特点,从法律属性上看,可以分为三类:

(1)政府及相关部门。政府及相关部门是指未按规定履行道路交通安全管理的法定职责,对道路交通事故的发生或结果的扩大有因果关系,依法应当承担法律责任的法定机关。可能成为道路交通事故深度调查法律责任主体的,除地方人民政府外,还有20多个法定部门,包括公安机关交通管理、交通运输、应急管理、市场监管、文化旅游等部门。

(2)相关企业和社会组织。相关企业和社会组织是指在运输活动中违反相关法律法规和政策性文件,对道路交通事故的发生或结果的扩大有因果关系,依法应当承担法律责任的相关企业和社会组织。它包括道路设计建设单位、道路运营单位、站(场)经营单位、驾驶培训机构、车辆生产和销售企业等。

(3)驾驶人和其他个人。驾驶人和其他个人是指违反道路交通安全管理和交通运输相关规定,对道路交通事故的发生或结果的扩大有因果关系,依法应当承担法律责任的驾驶人和相关个人。其他个人包括车辆所有人、管理人、押运人、托运人、乘客等。

1.2.2 道路交通事故深度调查的责任追究对象

责任追究对象是指根据法定职责,有权对相关责任主体依法开展调查、处罚的

1 道路交通事故深度调查的理论基础

主体。根据《道路交通安全法》《道路交通事故处理程序规定》的规定,道路交通事故深度调查的法定责任追究主体是公安机关交通管理部门。具体来说,一次死亡10人以上道路交通事故深度调查法律责任追究主体是省级和设区的市级公安机关交通管理部门,一次死亡3人以上道路交通事故深度调查法律责任追究主体是设区的市级公安机关交通管理部门,必要时,上级公安机关交通管理部门可以提级指导或者开展深度调查。

1.3 公安机关交通管理部门的职责定位

在道路交通事故深度调查工作中,公安机关交通管理部门具有职责的双重性和地位的复合性。前者主要是指,道路交通事故深度调查是公安机关交通管理部门的法定职责,公安机关交通管理部门具有调查事故发生的深层次原因、分析查找安全隐患及管理漏洞,提出整改意见和措施的双重职责。后者主要是指,公安机关交通管理部门在深度调查工作中,既是追责的主体,也可能成为被追责的对象。

1.3.1 公安机关交通管理部门的双重职责

根据《道路交通事故深度调查工作规范(试行)》的规定,公安机关交通管理部门是开展道路交通事故深度调查的法定部门,依法对道路交通事故责任人的违法行为和车辆、道路、环境的安全隐患产生的原因及管理漏洞和薄弱环节开展深层次的调查。同时,针对深度调查发现的安全隐患、管理漏洞和薄弱环节,提出问题整改和责任追究建议以及事故预防措施,并报告当地政府,通报相关行业主管部门,必要时可以通过省级公安机关交通管理部门报告省级人民政府并通报相关行业主管部门。其中,对调查发现的安全隐患和管理漏洞不在本地的,应当通报所在地公安机关交通管理部门,并由该公安机关交通管理部门报告当地政府并通报相关行业主管部门。

1.3.2 公安机关交通管理部门的双重身份

从公安机关交通管理部门的法定职责可知,在道路交通事故深度调查法律责任追究中,公安机关交通管理部门是重要的追责主体之一,承担着调查事故深层次原因、确定责任、依法处罚部分违法行为人的重要职责。同时,根据《道路交通安全法》的规定,公安机关交通管理部门作为管理我国道路交通安全的法定机关,对道路交通安全管理负有重要职责。因此,在追究事故监管者的责任时,公安机关交通管理部门既处于重要的地位,又是追责的重点指向部门。在实践中,进行道路交通事故法律责任追究时,公安机关交通管理部门相关责任人员被认定为渎职的情况也较为普遍。

1.4 开展道路交通事故深度调查的必要性和可行性

1.4.1 道路交通事故深度调查的必要性

当前,我国道路交通事故呈现出总量大、伤亡多的特征,道路交通安全形势与人民日益增长的安全出行需要之间的矛盾依然突出。面对严峻的道路交通安全形势,能否有效提高交通事故预防水平,是国家社会治理体系和治理能力的重要体现,直接关系着人民群众的安全感、幸福感,直接决定着加强保障和改善民生的国家战略目标能否顺利实现,具有重大战略意义。党中央、国务院高度重视道路交通安全工作,印发了《中共中央 国务院关于推进安全生产领域改革发展的意见》《国务院关于加强道路交通安全工作的意见》等重要文件,对事故预防工作提出了更高的要求。2020年2月,世界卫生组织(WHO)在瑞典召开了第三次全球道路交通安全部长级会议,发布了《斯德哥尔摩宣言》,呼吁世界各国积极努力持续减少交通事故,交通安全问题已经成为需要全社会共同关注并合力解决的重大社会问题,特别强调收集高质量事故数据(包括在区域层面的死亡和重伤数据)对有效制定政策的重要性。通过深度调查及搜集相关高质量事故数据,深入查找道路交通事故暴露出的安全隐患和管理漏洞,推动相关部门、行业履职尽责,提高事故预防工作的针对性、有效性、科学性。在实践中,开展道路交通事故深度调查法律责任追究具有5点意义:

(1)开展道路交通事故深度调查是贯彻落实中央领导重要指示以及关于安全生产重大部署的需要。习近平总书记对切实做好安全生产工作高度重视,强调"党政同责、一岗双责、失职追责"❶。开展道路交通事故深度调查,准确分析查找事故暴露出的安全隐患、管理漏洞和薄弱环节,推动相关部门、行业、企业整改问题和追究责任,是贯彻落实习近平总书记重要指示的关键措施。此外,《中共中央 国务院关于推进安全生产领域改革发展的意见》《国务院关于加强道路交通安全工作的意见》也对开展事故深度调查、整改追责提出了明确要求。为此,有必要把开展道路交通事故深度调查列为重点工作大力推动。

(2)开展道路交通事故深度调查是严格落实法律规定、履行法定职责的需要。《刑法》《安全生产法》《道路交通安全法》及其实施条例等法律法规明确规定了道路交通安全相关政府管理部门、企业和个人的法律责任,对于严重违反相关法律法规、涉嫌犯罪的,可以交通肇事罪、重大责任事故罪、滥用职权罪等追究刑事责任。道路交通安全管理是公安机关交通管理部门的法定职责,因此开展道路交通事故深度调查是公安机关交通管理部门的法定职责。

(3)开展道路交通事故深度调查是提升事故预防针对性、有效性和科学性的需要。近年来,道路交通事故深度调查暴露出很多源头安全隐患,包括车辆非法生产、销售、改装,道路设计、建设不符合技术标准,检验鉴定弄虚作假、买卖检验报告,企业单位疏于管理、主体责任不落实等,这些问题往往是导致事故发生的重要因素,对道路交通安全具有基础性、根本性的影响。要实现道路交通事故的有效预防,需要从"车辆、驾驶人、道路、环境、管理"等方面开展深度调查,最大限度地查找事故源头性、深层次问题,针对性采取事故预防措施,全力推动道路交通安全水平的提高。

(4)开展道路交通事故深度调查是强化部门联动、形成合力的需要。在实际工作中,由于公安机关交通管理部门缺乏具体针对安全隐患、管理漏洞的事故案例和证据,无法有效推动有关管理部门对相关交通安全隐患的治理。开展事故深度调查,针对调查发现的安全隐患和管理问题,充分运用刑事打击、行政处罚、政府督办、曝光警示等手段,可有效推动源头治理,倒逼相关管理部门依法履职,促进部门配合联动,形成交通安全治理合力。

---

❶出自《人民日报》(2016年01月07日01版)。

(5) 开展道路交通事故深度调查是锤炼队伍、提升执法办案能力的需要。道路交通事故深度调查专业度高,综合性强,需要对事故相关的人、车、路、环境、管理等因素进行深入调查,需综合采用现场勘查、侦查实验、检验鉴定、模拟分析、查阅调档、走访询问等多种方法调查研究,对于发现的安全隐患和管理问题,综合采取刑事打击、行政处罚、政府督办、曝光警示等方式推动整改和追责。同时,在开展调查的各环节需要与各职能部门进行协调联动。开展深度调查,有利于锤炼事故调查处理队伍执法办案能力,有利于提升公安机关交通管理部门专业化水平。

1.4.2 道路交通事故深度调查的可行性

(1)道路交通安全环境倍受关注。党中央、国务院高度重视安全生产和公共安全工作。近年来,中共中央、国务院出台《中共中央 国务院关于推进安全生产领域改革发展的意见》《国务院关于加强道路交通安全工作的意见》等文件,对开展事故深度调查、整改追责提出了明确要求。因此,开展道路交通事故深度调查工作,可以推动地方党委、政府督促政府部门落实行政主管责任。

(2)《刑法》授予公安机关刑事调查权。交警作为公安机关的一个警种,在《刑法》《道路交通安全法》等法律法规的授权下,具有刑事侦查和行政执法双重权限。在犯罪嫌疑人涉嫌交通肇事罪、重大责任事故罪、以其他方法危害公共安全罪等罪名时,公安机关交通管理部门基于证据搜集的需要,可以开展道路交通事故深度调查,根据《公安机关办理刑事案件程序规定》要求,所调查的相关内容可以直接转化为刑事证据。

(3)国外相关经验可供借鉴。20世纪60年代起,国外开始开展交通事故信息采集工作和交通事故的深度调查与分析,积累了丰富的事故调查数据和深度分析研究经验,为我国开展道路交通事故深度调查工作提供借鉴。具体而言,一是明确建立调查分析机制,例如德国联邦公路研究所(BAST)和德国汽车技术研究组织(FAT)合作,在全国开展事故调查;澳大利亚则是联邦和州政府、运输及保险机构、汽车制造商、莫纳什大学等共同开展,具体工作由一个个分散的事故调查团队完成。二是明确详尽的调查内容,例如日本明确了650余项深度调查数据采集项目;澳大利亚明确了2000余项深度调查项目;德国明确了深度调查的变量有3000余项。三是构架统一的分析数据库,通过建立统一的深度调查分析数据库,并对数据库不断扩展、升级、完善,较好地实现了数据积累,形成了事故调查-案例回溯的良性循环,例如澳大利亚深度调查数据库,每年采集近1000起道路交通事故深度调查数据;德国深度调查数据库,每年采集近2000起道路交通事故深度调查数据。四是高度重视结果应用,例如澳大利亚基于交通事故深度调查项目(ANCIS)的深度调查分析结果,开展用车安全分级工作及车辆安全性设计研究工作,在世界车辆法规协调论坛(WP29)发布侧立柱安全研究报告;德国基于深度调查数据库的深度调查分析结果,开展了事故人员伤害分析研究,在全球技术组织发布乘员挥鞭样损伤报告。

1.5 我国道路交通事故深度调查的现状、问题与展望

1.5.1 我国道路交通事故深度调查情况

近年来国内公安交管、车辆企业、保险、高校等行业部门机构,一直在积极开展深度调查采集工作。公安部交通管理科学研究所研究制定了《道路交通事故信息调查》(GA/T 1082—2021)等技术标准,建立了全国道路交通事故信息系统。同济大学成立了专门从事事故深度调查分析的上海联合道路交通安全科学研究中心,在事故原因分析及防范措施、车辆安全性研发与改进、医疗救援与伤情预判等方面开展了多学科的复合性研究;国家质检总局缺陷产品管理中心联合5家高校及科研机构成立了国家车辆事故深度调查体系(NAIS),采集传统车辆交通事故和车辆火灾事故。综合来看,尽管我国由科研机构、车辆企业在道路交通事故深度调查方面,自发开展了一些探索研究工作,但存在主体多元、渠道不畅、标准不一、数据规模小等问题,对事故预防和减少交通伤害的支撑作用有限。

对此,2017年发布的《道路交通事故处理程序规定》第二十九条规定,对发生一次死亡三人以上道路交通事故的,公安机关交通管理部门应当开展深度调查;对造成其他严重后果或者存在严重安全问题的道路交通事故,可以开展深度调查。同年,公安部交通管理局下发了《道路交通事故深度调查工作规范(试行)》,对道路交通事故深度调查工作提出了具体要求。

据统计,2018年1—11月,各地公安机关交通管理部门对发生的530起较大以上道路交通事故全部启动深度调查,并对其中17起重点车辆肇事伤亡事故提级开展深度调查。目前已调查结案506起,共调查发现各类问题和安全隐患1132个,其中,涉及驾驶人、车辆、企业源头安全隐患483个,道路安全隐患223处,部门安全监管问题426个,均已报告相关地方政府,通报相关行业部门,推动落实整改。同时,坚持行政执法与刑事司法相衔接,依法刑事立案190起,除依法追究肇事驾驶人法律责任以外,还对622名运输企业法人代表、分管安全负责人以及相关政府部门责任人等采取刑事强制措施或追究行政责任。

1.5.2 我国道路交通事故深度调查的亮点

自从各地开展道路交通事故深度调查工作以来,逐步探索出以下亮点:

(1)组织机制各有特色。总体来看,各地已结合实际形成了稳定且富有地方特色的深度调查组织领导机制,为开展深度调查工作提供了坚实保障。例如,安徽总队对所有较大事故、海南总队对部分涉及重点车辆("两客一危"、校车、重中型货车等)的一般事故提级开展深度调查;辽宁总队对较大事故全部下发深度调查督办通知单,明确调查内容,备案调查组成员,规定办结时限;湖南、贵州、甘肃充分结合政府调查开展工作,借助道路交通安全联席会议、道路交通安全委员会等名义组建安监、交通、交警等多部门联合调查组;山东、四川等省份引入鉴定机构人员参与技术调查,充实调查组专业力量。

(2)调查内容全面详实。各地按照《道路交通事故深度调查工作规范(试行)》第六条规定的14项调查内容,对人、车、路、企业、监管部门等各要素开展全方位深入调查,且根据事故特征各有侧重。湖北宜昌"6·12"、黄石"1·6"较大事故调查组对驾驶人事前的活动情况、山东烟台"1·14"较大事故调查组对现场安全防护及应急处置工作情况、湖南娄底"5·25"较大事故调查组对肇事驾驶人驾驶证考取情况等进行了深入调查,为事故原因分析、责任追究提供了充分证据。一些地方还将调查方向延伸至"盲区"和"内部",例如:在安徽宁芜高速公路芜湖段"1·22"较大事故调查中,调查组对检验鉴定机构鉴定工作开展调查并指出了相关问题;广东梅州"1·1"较大事故调查中,调查组通过对肇事车辆违法处理情况进行深挖,发现了交警执勤执法方面的突出问题。由此可见,事故调查思路已经逐渐从"人因调查"向"系统调查"转变。

(3)隐患剖析深入透彻。各地在深度调查报告中,除对事故直接原因进行判定外,还对引发事故的间接原因和安全隐患进行了深入剖析。吉林通化柳河"5·9"较大事故调查中,调查组发现交叉口缺少渠化设计、路面标志不清、路口视距不足、缺少安全防护等一系列隐患,对隐患排查、分析、论证较为专业。湖北宜昌"6·12"较大事故调查组对交通管理、公路管理等监管部门履职情况和薄弱环节的分析深入具体。上海崇明"7·19"较大事故调查组对涉事电动轮椅车来源进行深入调查,发现电商平台违反地方法规销售非机动车的隐患。2018年以来,全国通过深度调查发现隐患问题1162个,其中涉及人车企业源头隐患483个、道路安全隐患223个、部门安全隐患426个、其他隐患30个。

(4)责任追究动真碰硬。各地充分利用深度调查成果,借助刑事、行政手段,对事故有关责任单位和人员进行严肃追责。通过对广东惠州"8·1"较大事故的调查,有关部门对肇事货车货物生产销售企业、经销商、车辆挂靠运输公司、车辆修理厂等货运源头企业的10名责任人按照涉嫌重大责任事故罪采取了刑事强制措施。通过对湖南娄底"5·25"较大事故的调查,有关部门将驾考部门有关人员可能涉嫌失职渎职问题移送当地监察委查办。通过对重庆南川"6·5"较大事故的调查,有关部门对非法加装车辆栏板的修理厂经营人追究刑事责任。通过对江西赣州"2·20"重大事故的调查,有关部门除对运输企业相关负责人以重大责任事故罪追究刑事责任外,还对相关交通、交管等监管部门的15名责任人进行了行政处罚。经统计,2018年以来全国通过较大事故深度调查刑事立案190起,以重大责任事故罪、安全生产事故罪等追究刑事责任131人,共对491人提出党政纪处分建议。

(5)对策建议落地生根。各地落实"以事故防范事故"理念,制定有针对性的防范对策和整改建议,通过上报政府、抄告相关部门,积极推动落地实施。湖北宜都"6·12"事故发生后,市政府、公安局、交警、公路等部门分别制定整改措施预防道路交通事故,交警部门从6月13日起针对中重型货车源头和路面管控迅速开展为期2个月的道路交通安全专项整治行动,针对性强。广西玉林"6·3"较大事故调查结束后,支队立即向事故所在地政府发函,要求加强违法生产销售电动自行车、助力车和摩托车的监管工作。

1.5.3 我国道路交通事故深度调查的问题

经过实践我们发现,道路交通事故深度调查工作除了人力不足、经验不足等原因外,还存在宏观和微观层面问题,具体如下:

1.5.3.1 宏观层面

(1)工作机制不健全。部分地方还没有建立相应的道路交通事故深度调查配套工作流程,在发生道路交通事故之后,不知道如何启动道路交通事故深度调查,不了解道路交通事故深度调查工作组的组成情况。例如,部分地方片面将道路交通事故深度调查报告理解为事故处理工作报告。

(2)调查范围和调查事项不明确。部分地方虽然知道道路交通事故深度调查工作的启动条件,但是不知道如何开展工作,仅仅按照传统的思维,依据《道路交通事故信息调查》(GA/T 1082—2021)调查道路交通事故的直接原因,忽视了隐藏在道路交通事故背后的间接原因,深度调查的程度、标准以及立案的标准不明确,立案调查主观性较大。

(3)跨地区跨部门协作机制不完善,工作合力不够。部分地方在事故联合调查、案件移交、责任追究等方面,尚未建立起地区间、部门间、警种间长效合作机制和配套政策,部分地方因政府和有关部门不支持深度调查工作,致使涉及企业隐患及部门管理漏洞的调查难以进行,对相关责任人追责困难。该问题在非生产安全事故的深度调查中尤为突出。

1.5.3.2 微观层面

(1)专业人才欠缺,调查认定能力不足。部分地方由于缺少相关领域的专家,调查人员专业培训不足,对道路安全隐患、监管部门管理漏洞、企业主体责任落实等问题隐患的调查及认定能力不足。

(2)法律适用不准确。部分地方开展了道路交通事故深度调查工作,但是对于"罪与非罪""此罪与彼罪"把握不准确,例如对于疲劳驾驶行为是否涉嫌危险方法危害公共安全罪;对于危险物品肇事罪与非法运输危险物质罪如何区别把握不准确,无法合理使用法律手段追究相关企业主体责任。

1 道路交通事故深度调查的理论基础

(3)结果运用不充分。由于目前安全生产事故方面的体制机制问题,部分地方在取得政府及相关部门管理不到位的线索时,无法有效推动行政问责的落实。部分地方在推动事故隐患整改的方法、思路上创新不足,未能充分利用报告、通报、约谈、督办、曝光等方式,争取重视,引发关注,推动隐患消除。

1.5.4 国外道路交通事故深度调查简况

20 世纪 60 年代起,国外开始开展交通事故信息采集工作和交通事故深度调查与分析,目的是为车企进行车辆安全性改进、政府机构进行缺陷汽车召回管理以及道路交通安全相关法规、标准的制定,提供客观科学的信息和数据支撑。

(1)在组织机构方面,德国联邦公路研究所(BAST)和德国汽车技术研究组织(FAT)合作,在全国开展事故调查;澳大利亚联邦和州政府、运输及保险机构、汽车制造商、莫纳什大学等共同开展调查,具体工作由一个个分散的事故调查团队完成。

(2)在交通事故信息采集方面,欧盟成立道路交通事故数据库(CARE),德国开展交通事故深度研究项目(GIDAS),发布了德国事故深度调查编码手册(Codebook German In-Depth Accident Study),规定了现场事故信息采集的基本要求及信息编码方法,以便开展道路交通事故中汽车安全、人员损伤等数据的采集与统计;美国国家标准协会发布了事故信息采集最低标准样板(MMUCC)系列标准,规定了道路交通事故现场中必须采集的 107 项的基本信息;美国联邦公路局发布了交通记录系统数据词典(ANSI D20)系列标准,为交通事故相关概念提供了规范的定义说明和类别划分;日本交通事故分析中心明确了深度调查数据所需采集 650 余项项目。

(3)在交通事故深度调查分析技术方面,澳大利亚阿德莱德大学成立机动车辆安全研究中心(CASR),着力研究交通事故深度调查与分析技术;美国国家公路安全管理局(NHTSA)建立死亡事故报告系统(FARS),针对重大交通事故进行深度分析;瑞典道路交通事故研究中心(SAFER)主要研究事故调查与事故预防系统、道路使用者行为、人体保护、护理和救援;日本道路交通事故综合分析中心(ITARDA)拟通过对事故和人、道路交通环境及车辆综合性调查研究,来减轻交通事故伤害;法国、奥地利等国家及汽车企业也纷纷建立了事故深度调查系统,国外深度调查研究现状见图 1-1。

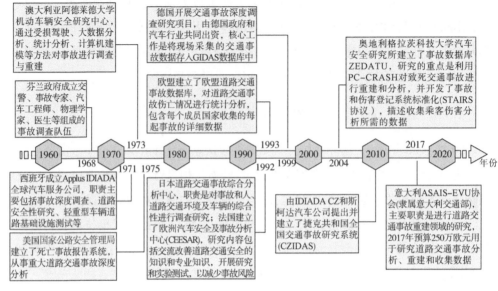

图1-1 国外深度调查研究现状

(4)美国道路交通事故调查工作经验。一是调查主体,美国道路交通事故调查由美国国家运输安全委员会负责,该机构主要职责是调查运输事故、确定事故的可能原因、提出安全建议、研究运输安全问题并评估涉及运输管理的政府部门的安全管理效率,通过事故报告、安全研究、特殊调查报告、安全建议及统计数据审核,向公众公布其行动及决策。二是报告内容。美国公路事故报告内容包括事故调查、事故分析、事故结论以及建议4个部分,其中:事故调查主要包括了事故叙述、伤害、生存因素、紧急事件响应、驾驶人、车辆、道路、道路环境、监管部门、汽车运输公司、相关法律法规、医学和病理学信息、证人证词等方面;事故分析主要是指根据事故信息调查的客观事实,分析事故原因,如开展针对开车使用手机、疲劳驾驶、车辆安全性能、道路隔离护栏不合格、座椅安全性、汽车运输公司监管等问题的分析,对于有监控视频的事故,重点分析视频录像;事故结论主要包含调查结果和可能原因2个部分内容;建议主要是由美国国家运输安全委员会会向联邦公路管理局、联邦汽车运输安全管理局、国家公路交通安全管理局、美国50个州及哥伦比亚特区等机构提出具体建议,对于重点申明的建议,会单独列出,并追究单位或责任人的责任。

以2010年8月5日美国密苏里州格雷萨米镇(Gray Summit)44号州际公路东

向多车碰撞事故为例进行介绍。

2010年8月5日,密苏里州1辆不带挂车的2007款沃尔沃载重牵引车正在右侧车道上行驶,一辆轻型货车从左侧车道并入右侧车道,撞上沃尔沃牵引车后侧。正在右侧车道向东行驶的2辆校车,在前方的1辆71座校车,载有23名乘客。在后方的是1辆72座校车,载有31名乘客。在前方的校车撞上商务之星轻型货车的后侧。随后,在后方的校车撞上在前方校车的右后侧。这次事故导致商务之星轻型货车的驾驶人和在前方校车后部的1名乘客死亡。2辆校车共35名乘客、2名校车驾驶人和沃尔沃牵引车驾驶人受伤。美国密苏里州Gray Summit 44号州际公路"8·5"东向多车碰撞事故报告框架如图1-2所示。

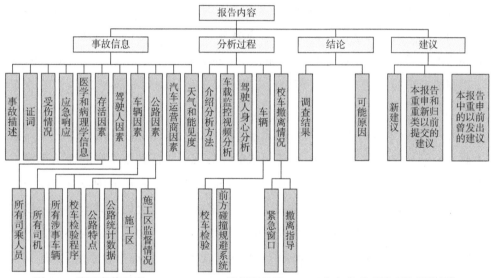

图1-2 美国密苏里州Gray Summit 44号州际公路"8·5"东向多车碰撞事故报告框架

报告列明了12个方面的调查结果:①如下几个方面不是这次事故的原因:天气;驾驶员资质或对事故区域的熟悉程度;4个驾驶员中任何人使用酒精或违禁药物;沃尔沃牵引车、商务之星轻型货车或2辆校车的机械状况;应急响应;公路设计、施工区标志或施工区政策。②如果沃尔沃牵引车、2辆校车和公共汽车按要求安装了视频事件记录仪,就可以更确切地评估导致这次事故的原因。③使用视频事件记录仪数据管理驾驶员行为,可以帮助校车运营商识别驾驶员行为问题,以避免事故。④未及时刹车、显示驾驶中频繁收发短信的移动通信运营商记录、最后收

道路交通事故深度调查**实务指引**

到短信与碰撞在时间上的接近以及目击者对驾驶员行为的描述都表明,在发生事故时,该商务之星轻型货车驾驶员很可能因收发短信而转移了驾驶注意力。⑤结合运用可执行的州法律、高可见度执法和宣传活动,能够显著减少因驾驶员使用便携式电子设备而分心导致的事故的数量。⑥为了降低在驾驶中频繁使用的便携式电子设备导致驾驶员分心的可能性,这些设备的制造商和供应商开发的功能应不鼓励在车辆行驶中的使用,或者在车辆行驶中限制非行车或非紧急相关功能。⑦在前方的校车与商务之星轻型货车之间的碰撞原因,是该校车驾驶员的注意力被吸引到路肩上停放的公共汽车而不是前方道路。⑧如果在后方的校车驾驶员与在前方的校车之间保持最小建议车距,就能够避免这次事故。⑨在事故发生时,商务之星轻型货车驾驶员存在累计睡眠不足和近期睡眠不足导致的疲劳,这可能导致认知过程受损或其他行为表现下降。⑩沃尔沃牵引车驾驶员的健康状况不是事故的原因。⑪密苏里州没有对 Copeland Bus Services 公司进行有效的监督。⑫密苏里州机动车检验法规的"校车检验"部分没有充分规定检验中应包含的校车系统。

此外,报告还提出了其他的可能原因:第一次碰撞,是商务之星轻型货车驾驶人收发短信导致的注意力转移,这使他未能注意到沃尔沃在施工区的慢速车流中慢速行驶或停车的情况并做出反应。第二次碰撞,也就是在前方的校车与商务之星轻型货车之间的碰撞,校车驾驶人因过多注意停在路肩上的公共汽车而未能注意前方道路。最后一次碰撞,事故发生前,在后方的校车驾驶人没有与在前方的校车之间保持建议最小车距。2辆校车上均没有安装正面碰撞报警系统,这是导致事故加重的原因之一。

根据分析调查结论中提出的事故原因,美国国家运输安全委员会向联邦公路管理局、联邦汽车运输安全管理局、国家公路交通安全管理局、美国50个州及哥伦比亚特区等机构提出了具体建议,其中建议美国国家公路交通安全管理局修改相应的标准;建议50个州和哥伦比亚特区禁止所有驾驶员在非紧急情况下使用便携式电子设备,使用美国国家公路交通安全管理局高可见度执法模式支持禁令,并开展有针对性的宣传活动;建议密苏里州中小学教育部加强校车安全培训,并提出实质性的培训方案;建议全美无线协会与消费电子产品协会,鼓励开发在车辆行驶中

1 道路交通事故深度调查的理论基础

禁止使用便携式电子设备功能的技术。

1.5.5 我国道路交通事故深度调查的完善建议

1.5.5.1 宏观层面

(1)完善顶层设计。建议公安部交通管理局主动与相关部委沟通,联合下发相应的工作意见,解决工作衔接问题;推动《安全生产法》修改,推动隐患排查整改。

(2)完善调查机制。由于道路交通事故深度调查工作还处于摸索阶段,在实践中缺少统一的配套工作流程,建议参照政府重特大道路交通事故工作机制组建工作组。待各地条件成熟后,由交警总队制定地方的道路交通事故工作机制文件。

(3)提请政府介入。提请地方政府协调有关部门,完善较大事故部门联合调查以及案件移送、委托检验鉴定等程序和机制。

(4)明确调查事项。建议各地参考借鉴本部分内容,制定道路交通事故深度调查事项表。同时,建议公安部道路交通安全研究中心在条件成熟时制定相应的标准,形成统一指引。

1.5.5.2 微观层面

(1)提高报告权威性。聘请道路、车辆等领域科研专家,加强调查人员专业培训,提升调查队伍专业水平。依法依规及时公开事故调查报告,接受社会监督。

(2)加强报告公正性。正人先正己,对所有启动深度调查的交通事故,要一律倒查涉事驾驶人考试、发证、违法查纠和涉事车辆登记、检验等环节情况,深入查找安全隐患和管理漏洞,严肃处理相关责任人员,推进严格依法履职,严防"灯下黑"。

(3)加强队伍培训。建议各地组织开展相关队伍培训,充分了解掌握道路交通事故深度调查流程和法律责任追究事项。

(4)适时发布典型案例。积极探索对"两客一危"、重型货车、快递外卖车辆以及新驾驶人肇事死亡等典型事故的调查,提级开展深度调查,深入查找重点车辆、重点人员安全管理薄弱环节和隐患问题,针对性加大对重点人、车、路、企业的治理力度,切实发挥好"查办一起案件、震慑一个行业、警醒一大群体"的作用。

2 道路交通事故深度调查流程

2.1 道路交通事故深度调查的主体及范围

根据《道路交通安全法》《道路交通事故处理程序规定》《道路交通事故深度调查工作规范(试行)》的规定,道路交通事故深度调查的主体是公安机关交通管理部门。公安机关交通管理部门依法对事故责任人违法行为和车辆、道路、环境的安全隐患产生的原因、管理漏洞和薄弱环节开展深层次的调查。同时,针对深度调查发现的安全隐患、管理漏洞和薄弱环节,提出问题整改和责任追究建议以及事故预防措施,并报告当地政府,通报相关行业主管部门,必要时可以通过省级公安机关交通管理部门报省级人民政府并通报相关行业主管部门。其中,对调查发现的安全隐患和管理漏洞不在本地的,应当通报所在地公安机关交通管理部门,并由其报告当地政府并通报相关行业主管部门。道路交通事故深度调查是公安交通管理部门依法履职、主动作为,对所有较大以上事故以及其他典型、敏感、规律性的一般事故开展的延伸调查,其适用范围更广,更有利于发现、整改驾驶人、车辆、道路、管理、环境等方面的隐患和漏洞,提升事故预防工作整体水平。

根据《道路交通事故深度调查工作规范(试行)》,深度调查由设区的市级以上公安机关交通管理部门负责,其中一次死亡10人以上道路交通事故的深度调查由省级和设区的市级公安机关交通管理部门负责,公安部交通管理局指导;其他道路交通事故的深度调查由设区的市级公安机关交通管理部门负责,省级公安机关交通管理部门指导。必要时,上级公安机关交通管理部门可以提级指导或者开展深度调查。机动车登记地、驾驶人机动车驾驶证核发地及事故涉及企业与事故发生地不在同一省(自治区、直辖市)或者设区的市范围内的道路交通事故,相关省级和设区的市级公安机关交通管理部门应当配合开展深度调查。省级以上公安机关交通管理部门应当聘请在驾驶人、车辆、道路、事故调查、检验鉴定、危化品管理、安监、刑侦及法律等领域具有较高政策理论水平、专业技能和丰富实践经验的人员参与或者指导开展深度调查。有条件的设区的市级公安机关交通管理部门，可以组建深度调查工作组。

需要强调的是，深度调查的主体不同于政府在安全生产事故调查中的主体。根据《生产安全事故报告和调查处理条例》（国务院令第493号），在安全生产领域中发生重大事故、较大事故、一般事故，其相应的调查主体分别是事故发生地省级人民政府、设区的市级人民政府、县级人民政府。"政府事故调查"是对生产经营活动中发生的生产安全事故组织开展的调查。

可以说，事故深度调查是政府事故调查的重要组成部分。公安机关交通管理部门是负责道路交通安全管理工作的法定机构，对于所有类型的道路交通事故都承担着事故调查处理的法定职责。《生产安全事故报告和调查处理条例》规定，事故调查组由有关人民政府、应急管理部门、负有安全生产监督管理职责的有关部门、监察机关、公安机关以及工会派人员组成，公安机关交通管理部门作为成员，全程参与政府事故调查工作，道路交通事故深度调查的结果也是政府事故调查内容的组成部分。

2.2 道路交通事故深度调查的工作机制

当前各地在探索道路交通事故深度调查工作，但还没有形成统一的流程。在实践中，往往参照政府事故调查的工作机制进行。

2.2.1 重特大道路交通事故调查的工作机制

根据《生产安全事故报告和调查处理条例》第三章的规定，事故发生后应当依法成立事故调查组。特别重大道路交通事故由国务院或者国务院授权有关部门组织事故调查组进行调查；道路交通事故深度调查由事故发生地省级人民政府负责调查；省级人民政府可直接组织事故调查组进行调查，也可以授权或者委托有关部门组织事故调查组进行调查。需要指出的是，实践中，部分道路交通事故不是发生于生产经营活动过程中，不属于生产安全事故，对于此种非安全生产类的道路交通事故开展深度调查时，应参考本条例进行。

在实践中,重特大道路交通事故调查组往往分为4个工作组。一是技术组,负责道路交通事故情况调查,重点是查清事故涉及的人、车、路等与道路交通事故相关的细节,同时明确道路交通事故的性质。二是管理组,负责道路交通事故涉及违法行为认定,重点是认定违法犯罪事实、收集并固定违法犯罪证据。三是追责组,负责提出事故责任追究建议,重点是基于技术组和管理组认定的违法事实和证据材料,提出相应的行政、刑事责任建议。四是综合组,负责相关的协调、后勤工作。随着2018年国家监察部门的成立,在重特大道路交通事故调查中逐渐弱化了追责环节,在道路交通事故调查报告中弱化了对政府及相关部门的处理意见。例如2016年,京昆高速公路陕西安康"8·10"特别重大道路交通事故调查报告明确提出了对事故有关责任人员和责任单位提出的处理意见,表述为"根据调查事实,依据《中国共产党纪律处分条例》第二十九条、三十八条,《行政机关公务员处分条例》第二十条,《事业单位工作人员处分暂行规定》第十七条等规定,建议对14个涉责单位的32名责任人员(河南省13人、陕西省10人、四川省9人)给予党政纪处分。在32名责任人员中,建议给予行政记过处分9人,记过处分4人,行政记大过处分9人;行政降级处分6人,降低岗位等级处分1人,均同时给予党内严重警告处分;行政撤职处分1人,撤职处分1人,均同时给予撤销党内职务处分;党内严重警告处分1人";但在2019年长深高速公路江苏无锡"9·28"特别重大道路交通事故调查报告中,表述为"对于在事故调查过程发现的地方政府及有关部门的公职人员履职方面的问题线索及相关材料,已移交中央纪委国家监委。对有关人员的党政纪处分和有关单位的处理意见,由中央纪委国家监委提出;涉嫌刑事犯罪人员,由中央纪委国家监委移交司法机关处理。"

除了在事故调查组的调查,还有相关职能部门的调查。道路交通由驾驶人、车辆、道路和其他因素组成,因此道路交通事故发生后,各行政监管部门会对与事故相关联的事项开展调查,如交通运输部门对车辆和驾驶人所属企业及车辆维修企业等企业的资质、企业安全生产等事项开展调查;公路主管部门对事故发生路段的标志标线、基础设施、设计参数、安全防护等是否符合国家标准等开展调查。

2.2.2 道路交通事故深度调查的工作机制

参照重特大道路交通事故调查工作机制,各地公安机关交通管理部门可以按照如下机制开展道路交通事故深度调查工作(图2-1)。

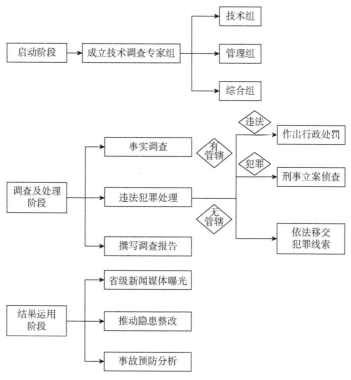

图2-1 道路交通事故深度调查流程

(1)成立技术调查专家组,启动深度调查。

(2)明确专家组人员分工,可以分为技术组、管理组和综合组。其中技术组负责道路交通事故情况调查,重点是查清事故涉及的人、车、路等与道路交通事故相关的细节,同时明确道路交通事故的性质;管理组负责道路交通事故涉及违法行为认定,重点是认定违法犯罪事实、收集并固定违法犯罪证据。

(3)事实调查环节,主要包括查阅、调取相关文件、档案、资料、日志、数据信息等;走访、询问相关部门和企事业单位负责人、参与救援的单位和人员、乘车人、伤者及近亲属、现场目击证人等;委托有资质的检验鉴定机构进行检验、鉴定、分析;对道路及安全设施实地勘验,组织侦查实验;对事故证据、管理要素、人员要素、车辆要素、道路要素等调查内容开展深度调查;利用道路环境三维重建、事故形态重建等综合重建结果,开展事故综合成因分析。

(4)强制措施环节。对于在事实调查过程中,发现的违法犯罪行为,属于公安机关交通管理部门管辖的,根据《刑法》《中华人民共和国刑事诉讼法》(简称《刑事诉讼法》)《行政处罚法》《道路交通安全法》等法律法规对相关人员采取强制措施,依法作出行政处罚或者立案侦查;对于不属于公安机关交通管理部门管辖的,依法将违法犯罪线索移交管辖部门。

(5)录入深度调查信息系统、撰写深度调查报告。按照《道路交通事故深度调查工作规范(试行)》要求,录入深度调查信息系统、撰写深度调查报告。

(6)结果通报。组织省级专业新闻媒体曝光事故暴露出的问题、责任追究情况以及应当吸取的教训。

2.3 道路交通事故深度调查的基本方向

传统的道路交通事故调查主要是围绕《道路交通事故信息调查》(GA/T 1082—2021)开展调查,重点获取事故时间、地点、伤亡、现场形态、天气、路面状况、路表状况、碰撞形态等基本事故信息。但道路交通事故深度调查还需要进一步深入调查驾驶人、事故车辆、事故道路、相关企业、政府及相关部门等事项。

2.3.1 机动车驾驶人的调查事项

在道路交通系统中,驾驶人处于主导地位,也是影响道路交通安全的重要因素。根据《道路交通事故深度调查工作规范(试行)》要求,在道路交通事故深度调查工作中,关于机动车驾驶人需要调查如下方面:

(1)驾驶人近三年交通违法、记分、事故记录及处理情况。此调查事项主要明确机动车驾驶人相应违法行为是否及时处理,是否涉嫌满分降级情形。以《绥化市海伦市"3·24"较大道路交通事故深度调查报告》为例,其中提到:"2018年以来,驾驶人车卫东有6次交通违法行为,均已处理,交通违法行为均为违法停车。"

(2)驾驶培训、考试、审验、从业资格及参加日常安全教育培训情况。此调查事项主要明确机动车驾驶人在行业准入资格方面是否存在管理漏洞。以《北京市通州区"12·26"亡4人事故深度调查报告》为例,其中提到:"刘某于2009年7月8日在河北省霸州市廊运机动车驾驶员培训学校考取了准驾车型为C1的机动车驾驶证。河北省廊坊市公安局交通警察支队车辆管理所提供的刘某驾驶员培训档案及机动车驾驶培训档案记录等资料显示:上述培训中,科目一、科目二、科目三培训均按照培训大纲开展培训,不存在缩短学时、减少培训项目等情况,且相应的培训机构培训资质有效、未参与违规办理驾驶证或者考试舞弊。"

(3)事故发生后的安全防护和自救互救情况。此调查事项主要明确机动车驾驶人在事故发生后采取的安全防护和自救互助情况,是否存在因为安全防护不到位、自救互助情况不规范导致损害结果的扩大。目前缺少典型报告可供参考,需通过对事故中受害人进行询问予以明确。

(4)身体状况、家庭状况等可能影响安全驾驶的其他因素。此调查事项主要明确机动车驾驶人是否涉嫌故意伤害、危险方法危害公共安全罪的情况。

2.3.2 机动车的调查事项

(1)机动车登记、检验、维护等情况及拼装、改装嫌疑。以《哈尔滨市五常市"8·10"较大道路交通事故深度调查报告》为例,其中明确:"在中国人民财产保险股份有限公司投保的机动车交通事故责任强制保险和本车损坏商业保险、第三者商业保险(保额100万元)、在中国人民人寿保险股份有限公司投保车内乘员座位险(亡20万元、伤2万元)。经到长春市车辆管理所调取该车档案,该车从购买初次登记之日起共进行转移变更手续8次,宋某系最后一任车主,该车在宋某名下共有1条违法记录未处理。"

(2)整车、主要安全部件和系统的安全性能存在的安全隐患及缺陷。此调查事项主要明确机动车是否存在相应违法行为,是否与事故发生存在因果关系。以《济南市商河县"2020.10.30"较大道路交通事故深度调查报告》为例,其中明确:"查看肇事车辆注册登记档案材料,档案资料齐全、有效。2020年8月1日,肇事车辆在德州市鲁德机动车安全技术检验有限公司禹城检测站进行了在用车检验,整车检验结论合格。"

(3)"两客一危"车辆卫星定位系统终端及行车记录仪安装和运行情况。此调查事项主要明确机动车是否存在相应违法行为,是否与事故发生存在因果关系。

2.3.3 道路的调查事项

(1)道路设计、建设、监理、验收和道路安全设施设置情况以及与标准、规范的符合程度,相关标准、规范是否存在滞后、缺陷、漏洞。此调查事项主要明确道路是否存在相应违法行为,是否与事故发生存在因果关系。以《北京市通州区"12·26"亡4人事故深度调查报告》为例,其中提到:"按照施工设计图纸,现场应为T形交叉路口,而实际事发道路为L形弯道,实际道路通车运行情况与设计情况不一致。"

(2)道路设计通行能力是否满足目前的交通量需求。此调查事项主要明确道路是否存在相应违法行为,是否与事故发生存在因果关系。

(3)道路交通标志标线等交通信号及道路照明设施设置是否科学、规范。此调查事项主要明确机动车是否存在相应违法行为,是否与事故发生存在因果关系。以《北京市通州区"12·26"亡4人事故深度调查报告》为例,其中提到:"事故路段在事发时按照左转弯路段进行通车运行,设置有向左急转弯警告标志,但缺少与之联合使用的急弯路限速标志,且弯道处缺少路灯照明,视线较差。"

(4)事故路段日常养护、隐患排查整改及近三年的事故情况。此调查事项主要明确道路是否存在相应违法行为,是否与事故发生存在因果关系。以《北京市通州区"12·26"亡4人事故深度调查报告》为例,其中提到:"事发路段桥梁设置有桥梁栏杆,未设置桥梁护栏,本次事故前该桥梁栏杆已经有8.7米长损毁,公路养护人员用木棍和警戒带进行了简易临时修复,桥梁栏杆无防护能力。"

(5)恶劣天气、光照不良等环境因素对事故的影响。此调查事项主要明确恶劣天气、光照不良等不良环境因素与事故发生是否存在因果关系。《中华人民共和国突发事件应对法》规定:"地方各级人民政府和县级以上地方各级人民政府有关部门根据有关法律、法规、规章、上级人民政府及其有关部门的应急预案以及本地区的实际情况,制定相应的突发事件应急预案。"各地也纷纷出台了恶劣天气条件下道路交通安全管理工作应急预案。对于因应急预案执行不到位,例如气象部门预警不到位、公路部门和公安交管部门警告标志设置不到位等原因,有必要追究相关部门管理责任。需要明确的是,恶劣天气、光照不良等环境因素并非必然与事故存在因果关系,在特殊情况下,视距不足、路面积水结冰、道路湿滑、横风等情况与事故发生没有因果关系。

2.3.4 相关企业及生产安全责任人的调查事项

2.3.4.1 道路运输经营单位

(1)是否建立健全安全生产管理制度。根据《安全生产法》,生产经营单位应具备法律、行政法规和国家标准或者行业标准规定的安全生产条件,应建立安全生产责任制,明确各岗位的责任人员、责任范围和考核标准等内容,建立相应的机制,加强对安全生产责任制落实情况的监督考核,保证安全生产责任制的落实。经营单位要设置安全生产管理机构或者配备专职安全生产管理人员,并对从业人员进行安全生产教育和培训,保证从业人员具备必要的安全生产知识,熟悉有关的安全生产规章制度和安全操作规程,掌握本岗位的安全操作技能,了解事故应急处理措施,知悉自身在安全生产方面的权利和义务。

(2)是否依法从事道路运输经营。根据《中华人民共和国道路运输条例》(国务院令第709号,简称《道路运输条例》),从事客货运经营的企业相关单位应依法提出申请并获得主管部门的许可,使用符合国家规定标准的车辆从事道路运输经营,并加强对车辆的维护和检测,确保车辆符合国家规定的技术标准,不得使用报废的、擅自改装的和其他不符合国家规定的车辆从事道路运输经营。同时,还应依法加强对从业人员的安全教育、职业道德教育,确保道路运输安全。

(3)是否落实货运车辆及货运经营管理。根据《道路货物运输及站场管理规定》(交通运输部2023年第17号令)的第6条第(三)项、第21条规定,申请从事道路货物运输经营的,应当有健全的安全生产管理制度,包括安全生产责任制度、安全生产业务操作规程、安全生产监督检查制度、驾驶员和车辆安全生产管理制度等。道路货物运输经营者还应当对从业人员进行经常性的安全、职业道德教育和业务知识、操作规程培训。

(4)是否落实客运车辆及客运经营管理。根据《道路旅客运输及客运站管理规定》(交通运输部2023年第18号令)第十一条第(三)项、第四十七条第一款、第四十九条的规定,申请从事道路客运经营的,应当有健全的安全生产管理制度,包括安全生产操作规程、安全生产责任制、安全生产监督检查、驾驶员和车辆安全生产管理的制度。客运经营者应当加强车辆技术管理,建立客运车辆技术状况检查制度,加强对从业人员的安全、职业道德教育和业务知识、操作规程培训,并采取有效措施,防止驾驶员连续驾驶时间超过4个小时,建立和完善各类台账和档案,并按照要求及时报送有关资料和信息。

(5)是否落实车辆动态管理。根据《国务院关于加强道路交通安全工作的意见》(国发〔2012〕30号),道路运输经营单位应按照规定在旅游包车、三类以上班线客车、危险品运输车应严格按规定安装使用具有行驶记录功能的卫星定位装置,要确保在卧铺客车上安装使用具有行驶记录功能的卫星定位装置和车载视频装置。根据《道路运输车辆动态监督管理办法》(交通运输部令2024年第10号)的规定,道路旅客运输企业、道路危险货物运输企业和拥有50辆及以上重型载货汽车或者牵引车的道路货物运输企业应按照标准建设道路运输车辆动态监控平台,或者使用符合条件的社会化卫星定位系统监控平台(以下统称监控平台),应依法对所属道路运输车辆和驾驶人运行过程进行实时监控和管理。道路旅客运输企业、道路危险货物运输企业和拥有50辆及以上重型载货汽车或牵引车的道路货物运输企业应依法配备专职监控人员,专职监控人员配置应符合法定人数。应建立健全动态监控管理相关制度,规范动态监控工作;根据法律法规的相关规定以及车辆行驶道路的实际情况,按照规定设置监控超速行驶和疲劳驾驶的限值,以及核定运营线路、区域及夜间行驶时间等,在所属车辆运行期间对车辆和驾驶人进行实时监控和管理,应确保卫星定位装置正常使用,保持车辆运行实时在线。

(6)是否落实危险货物运输车辆管理。根据《道路危险货物运输管理规定》(交通运输部令2023年第13号),危险货物运输经营单位应按照规定维护、检测、使用和管理专用车辆,确保专用车辆技术状况良好,不得使用报废的、擅自改装的、检测不合格的、车辆技术等级达不到一级的和其他不符合国家规定的车辆从事道路危险货物运输。运输剧毒化学品、爆炸品专用车辆及罐式专用车辆(含罐式挂车)应依法到具备道路危险货物运输车辆维修资质的企业进行维修。在重复使用

2 道路交通事故深度调查流程

危险货物包装物、容器前应依法进行检查,在检查中发现存在安全隐患的,应及时维修或者更换。

(7)是否落实危险货物运输管理。根据《道路危险货物运输管理规定》(交通运输部令2023年第13号)第8条、第24条、第26条、第31条、第34条、第43条、第44条规定,申请从事道路危险货物运输经营,应当有符合要求的专用车辆及设备、停车场地、从业人员和安全管理人员、健全的安全生产管理制度。道路危险货物运输企业或者单位应当严格按照交通运输主管部门决定的许可事项从事道路危险货物运输活动,不得转让、出租道路危险货物运输许可证件,严禁非经营性道路危险货物运输单位从事道路危险货物运输经营活动;对重复使用的危险货物包装物、容器,在重复使用前应当进行检查,发现存在安全隐患的,应当维修或者更换,并应当对检查情况作出记录,记录的保存期限不得少于2年;采取必要措施,防止危险货物脱落、扬散、丢失以及燃烧、爆炸、泄漏等;通过岗前培训、例会、定期学习等方式,对从业人员进行经常性安全生产、职业道德、业务知识和操作规程的教育培训。运输剧毒化学品、爆炸品的企业或者单位,还应当配备专用停车区域,并设立明显的警示标牌。

2.3.4.2 站(场)经营单位

(1)是否落实站(场)安全管理。根据《道路运输条例》,站(场)经营单位应依法提出从事道路运输站(场)经营的申请;应严格对出站的车辆进行安全检查,依法禁止无证经营的车辆进站从事经营活动,要采取措施防止超载车辆或者未经安全检查的车辆出站,并按照国务院交通运输主管部门规定的业务操作规程装卸、储存、保管货物。

(2)是否加强货运站管理。根据《道路货物运输及站场管理规定》,站(场)经营单位应按照经营许可证核定的许可事项经营,不得随意改变货运站用途和服务功能,要依法加强安全管理,完善安全生产条件,健全和落实安全生产责任制,应严格对出站车辆进行安全检查,防止超载车辆或者未经安全检查的车辆出站,并按照规定的业务操作规程进行货物的搬运装卸,严格依法禁止无证经营的车辆进站从事经营活动。经营单位应确保不存在超限、超载配货等情形,不得为无道路运输经营许可证或证照不全者提供服务,不得违反国家有关规定,为运输车辆装卸国家禁运、限运的物品。

(3)是否加强客运站管理。根据《道路旅客运输及客运站管理规定》,站(场)经营单位应按照道路运输管理机构决定的许可事项从事客运站经营活动,不得违法转让、出租客运站经营许可证件,不得违法改变客运站用途和服务功能。应维护好各种设施、设备,保持其正常使用,要依法加强安全管理,完善安全生产条件,健全和落实安全生产责任制。应依法对出站客车进行安全检查,并采取措施防止携带危险品进站上车,应采取措施严禁超载车辆或者未经安全检查的车辆出站,保证安全生产,应禁止无证经营的车辆进站从事经营活动。

2.3.4.3 驾驶培训机构

是否依法培训并确保培训质量。根据《道路运输条例》,驾驶培训机构应依法提出从事机动车驾驶人培训业务的申请,严格按照国务院交通运输主管部门规定的教学大纲进行培训,确保培训质量,应确保驾校培训人员具有相应的资质。驾驶培训机构未经许可,不得擅自从事机动车驾驶人培训。根据《道路交通安全法》的规定,机动车的驾驶培训实行社会化,由交通运输主管部门对驾驶培训学校、驾驶培训班实行备案管理,并对驾驶培训活动加强监督。驾驶培训学校、驾驶培训班应当严格按照国家有关规定,对学员进行道路交通安全法律、法规、驾驶技能的培训,确保培训质量。任何国家机关以及驾驶培训和考试主管部门不得举办或者参与举办驾驶培训学校、驾驶培训班。

2.3.4.4 车辆生产和销售企业

(1)是否严格落实车辆生产准入。根据《汽车产业发展政策》(国家发展和改革委员会令第8号)、《车辆生产企业及产品生产一致性监督管理办法》(工产业〔2010〕第109号)的规定,生产企业应依法获得生产准入许可,并经机动车产品公告,要严格执行生产一致性要求的相关规定。

(2)是否生产和销售合格汽车产品。根据《道路交通安全法》的规定,汽车生产和销售企业应严格执行机动车国家安全技术标准,不得擅自生产、销售未经国家机动车产品主管部门许可生产的机动车型,不得生产、销售拼装的机动车或者生产、销售擅自改装的机动车,不得出售已经报废的机动车。根据《中华人民共和国产品质量法》(简称《产品质量法》)的规定,生产企业生产的汽车产品应符合安全性能。销售者应建立并执行进货检查验收制度,验明产品合格证明和其他标识,并采取措施,保持销售产品的质量。

(3)是否落实缺陷汽车产品召回。根据《缺陷汽车产品召回管理条例》(国务院令第709号)的规定,汽车生产单位获知汽车产品可能存在缺陷的,应立即组织调查分析,并如实向国务院产品质量监督部门报告调查分析结果,确认汽车产品存在缺陷的,应立即停止生产、销售、进口缺陷汽车产品,并实施汽车产品召回。生产企业应以便于公众知晓的方式发布汽车召回相关信息,并告知车主汽车产品存在的缺陷、避免损害发生的应急处置方法和生产者消除缺陷的措施等事项。

(4)是否安装定位等装置。根据《道路运输车辆动态监督管理办法》,旅游客车、包车客车、三类以上班线客车和危险货物运输车辆在出厂前应依法安装符合标准的卫星定位装置,重型载货汽车和半挂牵引车在出厂前应依法安装符合标准的卫星定位装置,并接入全国道路货运车辆公共监管与服务平台。

2.3.4.5 机动车维修经营单位

是否依法进行机动车维修。根据《道路运输条例》的规定,机动车维修经营单位从事机动车维修经营,必须依法取得许可。不得非法转让、出租道路运输许可证件,不得使用假冒伪劣配件维修机动车,不得承修已报废的机动车,不得擅自改装机动车。根据《机动车维修管理规定》(交通运输部令2019年第20号)的规定,机动车维修经营者不得擅自改装机动车,不得承修已报废的机动车,不得利用配件拼装机动车。维修经营单位应按照有关技术规范进行维修作业,不得伪造、转借、倒卖机动车维修竣工出厂合格证,应按规定建立机动车维修档案并实行档案电子化管理,或者及时上传维修电子数据记录至国家有关汽车维修电子健康档案系统。根据《校车安全管理条例》(国务院令第617号)的规定,维修校车的企业应依法取得相应的资质。承接校车维修业务的企业应按照规定的维修技术规范维修校车,并按照国务院交通运输主管部门的规定,对所维修的校车实行质量保证期制度。

2.3.4.6 机动车回收拆解企业

是否落实报废机动车回收管理。根据《报废汽车回收管理办法》(国务院令第

307号),机动车回收拆解企业从事机动车回收拆解业务,必须依法取得报废汽车回收企业资格认定。应依法对回收的报废汽车逐车登记,在出售报废汽车零配件时要严格标明"报废汽车回用件",要依法拆解回收的报废汽车。对于回收的报废营运客车,应在公安机关的监督下解体,不得利用报废汽车"五大总成"以及其他零配件拼装汽车或者出售报废汽车整车、"五大总成"、拼装车。

2.3.4.7　机动车安全技术检验机构

是否进行机动车安全技术检验。根据《机动车安全技术检验机构监督管理办法》(国家质量监督检验检疫总局令第121号),机动车安全技术检验机构从事安全技术检验必须取得计量认证、检验资格许可,并在批准的检验范围内承担机动车安全技术检验。机动车安全技术检验要遵循独立、客观、公正、诚信的原则,保持信息系统通畅,及时向质量技术监督部门提供机动车安全技术检验信息。安全检验机构要建立健全各项规章制度和机动车安全技术检验档案,并按照国家有关规定对检验结果和有关技术资料进行保存。应不断加强机动车安全技术检验人员培训和内部管理,不断提高检验服务水平。

2.3.4.8　学校

是否加强校车安全管理。根据《校车安全管理条例》,学校要建立健全校车安全管理制度,配备安全管理人员,加强校车安全维护,定期对校车驾驶人进行安全教育,并组织校车驾驶人学习道路交通安全法律法规以及安全防范、应急处置和应急救援知识,保障学生乘坐校车安全。学校应依法聘用具有校车驾驶资格的人驾驶校车,并将校车安全管理责任书报县级或者设区的市级人民政府教育行政部门备案。学校应充分对教师、学生及其监护人进行交通安全教育,向学生讲解校车安全乘坐知识和校车安全事故应急处理技能,并定期组织校车安全事故应急处理演练。学校应按照国家规定做好校车的安全维护,建立安全维护档案,保证校车处于良好技术状态,并指派照管人员随校车全程照管乘车学生,定期对随车照管人员进行安全教育,组织随车照管人员学习道路交通安全法律法规、应急处置和应急救援知识。

2.3.4.9　道路建设单位

(1)是否依法组织道路工程建设。根据《中华人民共和国公路法》(简称《公路法》)的规定,公路建设单位应当根据公路建设工程的特点和技术要求,选择具有相应资格的勘察设计单位、施工单位和工程监理单位,并依照有关法律、法规、规章的规定和公路工程技术标准的要求,分别签订合同,明确双方的权利义务。根据《公路安全保护条例》(国务院令第593号)规定,建设单位应当按照许可的设计和施工方案进行施工作业,并落实保障公路、公路附属设施质量和安全的防护措施。

(2)是否落实质量管理制度。根据《公路水运工程质量监督管理规定》(交通运输部令2017年第28号)的规定,建设单位对工程质量负管理责任,应当科学组织管理,落实国家法律、法规、工程建设强制性标准的规定,严格执行国家有关工程建设管理程序要求,建立健全项目管理责任机制,完善工程项目管理制度,严格落实质量责任制。建设单位应当与勘察、设计、施工、监理等单位在合同中明确工程质量目标、质量管理责任和要求,加强对涉及质量的关键人员、施工设备等方面的合同履约管理,组织开展质量检查,督促有关单位及时整改质量问题。交通运输主管部门或者其委托的建设工程质量监督机构应依法要求建设单位按规定办理质量监督手续。建设单位在办理工程质量监督手续后、工程开工前,应当按照国家有关规定办理施工许可或者开工备案手续。公路水运工程交工验收前,建设单位应当组织对工程质量是否合格进行检测,出具交工验收质量检测报告,连同设计单位出具的工程设计符合性评价意见、监理单位提交的工程质量评定或者评估报告一并提交交通运输主管部门委托的建设工程质量监督机构。

2.3.4.10 道路设计单位

是否依法编制设计文件。根据《公路法》,承担公路建设项目的设计单位,应当按照国家有关规定建立健全质量保证体系,落实岗位责任制,并依照有关法律、法规、规章以及公路工程技术标准的要求和合同约定进行设计、施工和监理,保证公路工程质量。根据《建设工程勘察设计管理条例》(国务院令第687号)的规定,设计单位编制设计文件,应当将项目批准文件、城市规划、工程建设强制性标准、国家规定的建设工程勘察、设计深度要求等文件作为依据。编制方案设计文件,应当满足编制初步设计文件和控制概算的需要。编制初步设计文件,应当满足编制施工招标文件、主要设备材料订货和编制施工图设计文件的需要。编制施工图设计文件,应当满足设备材料采购、非标准设备制作和施工的需要,并注明建设工程合理使用年限。根据《公路水运工程质量监督管理规定》的规定,勘察、设计单位对勘察、设计质量负责,应当按照有关规定、强制性标准进行勘察、设计,保证勘察、设计工作的深度和质量。勘察单位提供的勘察成果文件应当满足工程设计的需要。设计单位应当根据勘察成果文件进行工程设计,按照相关规定,做好设计交底、设计变更和后续服务工作,保障设计意图在施工中得以贯彻落实,及时处理施工中与设计相关的质量技术问题。公路水运工程交工验收前,设计单位应当对工程建设内容是否满足设计要求、是否达到使用功能等方面进行综合检查和分析评价,向建设单位出具工程设计符合性评价意见。

2.3.4.11 道路施工单位

是否严格工程施工质量管理。根据《公路法》,承担公路建设项目的施工单位,应当按照国家有关规定建立健全质量保证体系,落实岗位责任制,并依照有关法律、法规、规章以及公路工程技术标准的要求和合同约定进行设计、施工和监理,保证公路工程质量。根据《建设工程质量管理条例》(国务院令第714号)的规定,施工单位应当依法取得相应等级的资质证书,并在其资质等级许可的范围内承揽工程。禁止施工单位超越本单位资质等级许可的业务范围或者以其他施工单位的名义承揽工程。禁止施工单位允许其他单位或者个人以本单位的名义承揽工程。施工单位必须按照工程设计图纸和施工技术标准施工,不得擅自修改工程设计,不得偷工减料。根据《公路水运工程质量监督管理规定》,施工单位对工程施工质量负责,应当按合同约定设立现场质量管理机构、配备工程技术人员和质量管理人员,落实工程施工质量责任制。施工单位应当严格按照工程设计图纸、施工技术标准和合同约定施工,对原材料、混合料、构配件、工程实体、机电设备等进行检验;按规定施行班组自检、工序交接检、专职质检员检验的质量控制程序;对分项工程、分部工程和单位工程进行质量自评。检验或者自评不合格的,不得进入下道工序或者投入使用。施工单位应当加强施工过程质量控制,并形成完整、可追溯的施工质量管理资料,主体工程的隐蔽部位施工还应当保留影像资料。对施工中出现的质量问题或者验收不合格的工程,应当负责返工处理;对在保修范围和保修期限内发生质量问题的工程,应当履行保修义务。

2.3.4.12 道路监理单位

是否严格工程质量监理。根据《公路法》,承担公路建设项目的工程监理单位,应当按照国家有关规定建立健全质量保证体系,落实岗位责任制,并依照有关法律、法规、规章以及公路工程技术标准的要求和合同约定进行设计、施工和监理,保证公路工程质量。根据《公路水运工程质量监督管理规定》,监理单位对施工质量负监理责任,应当按合同约定设立现场监理机构,按规定程序和标准进行工程质量检查、检测和验收,对发现的质量问题及时督促整改,不得降低工程质量标准。施工、监理单位应当按照合同约定设立工地临时试验室,严格按照工程技术标准、检测规范和规程,在核定的试验检测参数范围内开展试验检测活动。施工、监理单位应当对其设立的工地临时试验室所出具的试验检测数据和报告的真实性、客观性、准确性负责。根据《建设工程质量管理条例》,工程监理单位应当依照法律、法规以及有关技术标准、设计文件和建设工程承包合同,代表建设单位对施工质量实施监理,并对施工质量承担监理责任。

2.3.4.13 道路公路经营企业

是否进行公路养护。根据《公路安全保护条例》,公路经营企业应加强公路养护,保证公路经常处于良好技术状态,要按照国务院交通运输主管部门的规定对公路进行巡查,并定期对公路、公路桥梁、公路隧道进行检测和评定,保证其技术状态符合有关技术标准,定期检查公路隧道的排水、通风、照明、监控、报警、消防、救助等设施,保证设施处于完好状态。

2.3.5 政府及相关行政主管部门的调查事项

通过对我国现行法律法规的分析与梳理可知,与道路交通安全管理密切相关的国家机关,除地方各级人民政府外,还有十余个部门,包括公安机关、应急管理部门、交通运输部门、住房和城乡建设部门、市场监督管理部门、农业农村部门、商务部门、城市管理部门、教育行政部门、银保监部门、工业和信息化部门等。根据《道路交通事故深度调查工作规范(试行)》第六条第一款第十三项规定,政府部门主要调查安全监管、主体责任是否落实事项。具体调查方向如下。

2.3.5.1 地方人民政府

(1)是否履行安全生产监督管理职责。根据《安全生产法》,国务院和县级以上地方各级人民政府应当根据国民经济和社会发展规划制定安全生产规划,并组织实施。安全生产规划应当与城乡规划相衔接。国务院和县级以上地方各级人民政府应当加强对安全生产工作的领导,支持、督促各有关部门依法履行安全生产监督管理职责,建立健全安全生产工作协调机制,及时协调、解决安全生产监督管理中存在的重大问题。县级以上地方各级人民政府应当根据本行政区域内的安全生产状况,组织有关部门按照职责分工,对本行政区域内容易发生重大生产安全事故的生产经营单位进行严格检查。

(2)是否经常开展道路交通安全教育。根据《道路交通安全法》,各级人民政府应当经常进行道路交通安全教育,提高公民的道路交通安全意识。根据《国务院关于加强道路交通安全工作的意见》的要求,地方各级人民政府每年要制定并组织实施道路交通安全宣传教育计划,加大宣传投入,督促各部门和单位积极履行宣传责任和义务,实现交通安全宣传教育社会化、制度化。

(3)是否制定并实施安全管理规划。根据《道路交通安全法》,各级人民政府应当保障道路交通安全管理工作与经济建设和社会发展相适应。县级以上地方各级人民政府应当适应道路交通发展的需要,依据道路交通安全法律、法规和国家有关政策,制定道路交通安全管理规划,并组织实施。

(4)是否建立、健全道路交通安全工作协调机制。根据《中华人民共和国道路交通安全法实施条例》(国务院令第405号,以下简称《道路交通安全法实施条例》)的规定,县级以上地方各级人民政府应当建立、健全道路交通安全工作协调机制,组织有关部门对城市建设项目进行交通影响评价,制定道路交通安全管理规划,确定管理目标,制定实施方案。根据《危险化学品安全管理条例》(国务院令第645号)的规定,县级以上人民政府应当建立危险化学品安全监督管理工作协调机制,支持、督促负有危险化学品安全监督管理职责的部门依法履行职责,协调、解决危险化学品安全监督管理工作中的重大问题。

(5)发生危险化学品事故后是否立即组织救援。根据《危险化学品安全管理条例》的规定,发生危险化学品事故后,有关地方人民政府应当立即组织应急管理、生态环境、公安、卫生健康、交通运输等有关部门,按照本地区危险化学品事故应急预案组织实施救援,不得拖延、推诿。

(6)是否建立隐患排查治理制度。根据《国务院关于加强道路交通安全工作的意见》的要求,地方各级人民政府要建立完善道路交通安全隐患排查治理制度,落实治理措施和治理资金。

(7)是否加强农村道路交通安全监管。根据《国务院关于加强道路交通安全工作的意见》的要求,地方各级人民政府要加强农村道路交通安全组织体系建设,落实乡镇政府安全监督管理责任,调整优化交警警力布局,加强乡镇道路交通安全管控。

(8)是否完善道路交通事故应急救援机制。根据《安全生产法》《国务院关于加强道路交通安全工作的意见》的要求,县级以上地方各级人民政府应当组织有关部门制定本行政区域内生产安全事故应急救援预案,建立应急救援体系。逐步加强道路交通事故应急救援体系建设,不断完善应急救援预案,并定期组织演练。

2.3.5.2 公安机关

(1)是否履行交通安全管理职责。根据《道路交通安全法》的规定,国务院公安部门负责全国道路交通安全管理工作。县级以上地方各级人民政府公安机关交通管理部门负责本行政区域内的道路交通安全管理工作。

(2)是否依法查处交通违法行为。根据《道路交通安全法》及实施条例、《道路交通安全违法行为处理程序规定》(公安部令第157号),依法实施道路交通安全监督管理,维护道路交通秩序,查处道路交通违法行为,尤其是超速、超载、超员、酒驾、非法从事危险化学品运输等交通违法行为。

(3)是否依法处理道路交通事故。根据《道路交通安全法》及实施条例、《道路交通事故处理程序规定》(公安部令第146号),依法组织道路交通事故的抢救,处理道路交通事故,对道路交通事故作出认定。

(4)是否依法实施车辆登记和机动车驾驶证管理等工作,严把机动车登记和机动车驾驶人考试、发证关。根据《道路交通安全法》及实施条例、《机动车登记规定》(公安部令第164号),依法对机动车的登记条件和材料进行审核,并认真履行车辆检验手续。根据《道路交通安全法》及实施条例、《机动车驾驶证申领和使用规定》(公安部令第162号),依法授予驾驶人驾驶许可,颁发驾驶证,并依法审验。

(5)是否加强道路交通安全法律、法规宣传。根据《道路交通安全法》的规定,公安机关交通管理部门及其交通警察执行职务时,应当加强道路交通安全法律、法规的宣传,并模范遵守道路交通安全法律、法规。

(6)是否加强剧毒危化品运输管理。根据《剧毒化学品购买和公路运输许可证件管理办法》(公安部令第77号),公安机关交通管理部门应依法颁发《剧毒化学品公路运输通行证》,严格加强通过公路运输剧毒化学品的车辆监管,依法对运输车辆和驾驶人、押运人员进行查验、审核。

(7)是否及时报告道路交通安全隐患并提出建议。根据《道路交通安全法》,公安机关交通管理部门发现已经投入使用的道路存在交通事故频发路段,或者停车场、道路配套设施存在交通安全严重隐患的,应当及时向当地人民政府报告,并提出防范交通事故、消除隐患的建议。

(8)是否加强校车运行安全管理。根据《校车安全管理条例》,公安机关交通管理部门应当加强对校车运行情况的监督检查,依法查处校车道路交通安全违法行为,定期将校车驾驶人的道路交通安全违法行为和交通事故信息抄送其所属单位和教育行政部门。

2.3.5.3 交通运输部门

(1)是否履行公路管理职责。根据《公路法》的规定,县级以上地方人民政府交通主管部门主管本行政区域内的公路工作。根据《公路安全保护条例》的规定,公路管理机构应当对公路、公路附属设施是否达到规定的技术标准以及施工是否符合保障公路、公路附属设施质量和安全的要求进行验收。

(2)是否加强超限车辆管理。根据《公路安全保护条例》的规定,对确需在公路行驶的限载、限高、限宽、限长车辆,严格审核申请条件,依法颁发公路超限运输许可,并加强对上述车辆的监督检查,对于超过公路限载、限高、限宽、限长标准的,应当引导至固定超限检测站点依法处理。

(3)是否加强公路养护。根据《公路安全保护条例》的规定,公路管理机构、公路经营企业应当加强公路养护,保证公路经常处于良好技术状态。依法对公路进行巡查,并制作巡查记录;发现公路坍塌、坑槽、隆起等损毁的,应当及时设置警示标志,并采取措施修复。应当定期对公路、公路桥梁、公路隧道进行检测和评定,保证其技术状态符合有关技术标准;对经检测发现不符合车辆通行安全要求的,应当进行维修。应当定期检查公路隧道的排水、通风、照明、监控、报警、消防、救助等设施,保持设施处于完好状态。

(4)是否依法实施危险化学品道路运输许可并对相关人员进行资格认定。根据《危险化学品安全管理条例》的规定,交通运输主管部门负责危险化学品道路运输的许可以及运输工具的安全管理,负责危险化学品道路运输企业驾驶人员、装卸管理人员、押运人员等的资格认定。

(5)是否严格道路运输管理。根据《道路运输条例》的规定,国务院交通主管部门主管全国道路运输管理工作。县级以上地方人民政府交通主管部门负责组织领导本行政区域内的道路运输管理工作。道路运输管理机构应当依法对申请从事客运经营、货运经营的道路运输企业相关材料进行审核,并作出许可或者不予许可的决定;加强对机动车维修经营者、机动车驾驶员培训机构的备案监督管理;严格查处未经许可擅自从事道路运输经营、非法转让、出租道路运输许可证件等违法行为。

(6)是否加强道路运输从业人员管理。根据《道路运输从业人员管理规定》(交通运输部令2019年第18号)的规定,县级以上地方人民政府交通运输主管部门负责组织领导本行政区域内的道路运输从业人员管理工作,并具体负责本行政区域内道路危险货物运输从业人员的管理工作。县级以上道路运输管理机构具体负责本行政区域内经营性道路客货运输驾驶员、机动车维修技术人员、机动车驾驶培训教练员、道路运输经理人和其他道路运输从业人员的管理工作。经营性道路客货运输驾驶员、道路危险货物运输从业人员应依法进行资格考试,对于考试合格的,由交通运输主管部门或道路运输管理机构授予相应的从业资格证件。

(7)是否严格行业准入。根据《国务院关于加强道路交通安全工作的意见》《道路旅客运输及客运站管理规定》《道路货物运输及场站管理规定》的规定,严格道路运输市场准入管理,规范道路运输企业生产经营行为,对新设立的运输企业,要严把安全管理制度和安全生产条件审核关。

(8)是否加强车辆动态监管。根据《道路运输车辆动态监督管理办法》的规定,道路运输管理机构在办理营运手续时,应当对道路运输车辆安装卫星定位装置及接入系统平台的情况进行审核。道路运输管理机构应当充分发挥监控平台的作用,定期对道路运输企业动态监控工作的情况进行监督考核,并将其纳入企业质量信誉考核的内容。

(9)是否严格长途客运和旅游客运安全管理。根据《道路旅客运输及客运站管理规定》和《国务院关于加强道路交通安全工作的意见》的要求,道路运输管理机构应当按照《中华人民共和国道路运输条例》《交通行政许可实施程序规定》《道路旅客运输及客运站管理规定》规范的程序实施道路客运经营、道路客运班线经营和客运站经营的行政许可。加强班线途经道路的安全适应性评估,合理确定营运线路、车型和时段,对800公里以上的客运班线申请依法进行安全风险评估。严格查处未经许可擅自从事道路客运经营、客运站经营、非法转让、出租道路运输经营许可证件、包车客运领域非法营运、未持有效包车客运标志牌经营、未按照包车客运标志牌载明的事项运行等违法行为。

2.3.5.4 市场监管部门

(1)是否加强对车辆及其配件生产企业和道路交通安全防护产品生产企业的产品质量监督检查。根据《产品质量法》的规定,国务院市场监督管理部门主管全国产品质量监督工作。县级以上地方市场监督管理部门主管本行政区域内的产品质量监督工作。对生产、销售不符合安全技术标准的车辆及其配件,生产、销售拼装或擅自改装机动车,生产、销售或者进口缺陷汽车产品以及未按规定召回缺陷产品等违法行为,市场监督管理部门应当依法给予查处。

(2)是否依法核发危险化学品及其包装物、容器工业生产许可。根据《危险化学品安全管理条例》的规定,质量监督检验检疫部门(现市场监督管理部门)负责核发危险化学品及其包装物、容器(不包括储存危险化学品的固定式大型储罐)生产企业的工业产品生产许可证,并依法对其产品质量实施监督,负责对进出口危险化学品及其包装实施检验。

(3)是否对机动车安全技术检验机构严格实行计量认证管理。根据《道路交通安全法实施条例》的规定,质量技术监督部门(现市场监督管理部门)负责对机动车安全技术检验机构实行计量认证管理,对机动车安全技术检验设备进行检定,对执行国家机动车安全技术检验标准的情况进行监督。对机动车安全技术检验机构出具失实的检验数据、结果等违法行为依法进行查处。

(4)是否严格实施缺陷汽车产品召回监督管理。根据《缺陷汽车产品召回管理条例》的规定,国务院产品质量监督部门(现市场监督管理部门)负责全国缺陷汽车产品召回的监督管理工作。国务院产品质量监督部门根据工作需要,可以委托省、自治区、直辖市人民政府产品质量监督部门负责缺陷汽车产品召回监督管理的部分工作。国务院产品质量监督部门应当建立缺陷汽车产品召回信息管理系统,收集汇总、分析处理有关缺陷汽车的产品信息。

2.3.5.5 应急管理部门

(1)是否依法对道路交通安全生产工作进行监督管理。根据《安全生产法》的规定,国务院安全生产监督管理部门(现应急管理部门)对全国安全生产工作实施综合监督管理;县级以上地方各级人民政府安全生产监督管理部门对本行政区域内安全生产工作实施综合监督管理。安全生产监督管理部门应当按照分类分级监督管理的要求,制定安全生产年度监督检查计划,并按照年度监督检查计划进行监督检查,发现事故隐患,应当及时处理。

(2)是否建立健全重特大事故隐患治理督办制度。根据《安全生产法》的规定,县级以上地方各级人民政府负有安全生产监督管理职责的部门应当建立健全重大事故隐患治理督办制度,督促生产经营单位消除重大事故隐患;应当按照分类分级监督管理的要求,制定安全生产年度监督检查计划,并按照年度监督检查计划进行监督检查,发现事故隐患,应当及时处理。

(3)是否依法开展危险化学品安全监督管理。根据《危险化学品安全管理条例》的规定,安全生产监督管理部门负责危险化学品安全监督管理综合工作,组织确定、公布、调整危险化学品目录,对新建、改建、扩建生产、储存危险化学品(包括使用长输管道输送危险化学品)的建设项目进行安全条件审查。

(4)是否严格核发危险化学品行政许可。根据《危险化学品安全管理条例》规定,安全生产监督管理部门负责核发危险化学品安全生产许可证、危险化学品安全使用许可证和危险化学品经营许可证,并负责危险化学品登记工作。

2.3.5.6 教育行政部门

(1)是否履行道路交通安全教育职责。根据《道路交通安全法》的规定,教育行政部门应当将道路交通安全教育纳入法制教育的内容。

(2)是否落实校车安全管理。根据《校车安全管理条例》的规定,县级以上地方人民政府教育行政部门应当指导、监督学校建立健全校车安全管理制度,落实校车安全管理责任,组织学校开展交通安全教育。

(3)是否严格审查校车服务提供者资质。根据《校车安全管理条例》的规定,教育行政部门应依法对申请取得校车使用许可的校车服务提供者的资质进行把关,严格审查,并提出审查意见。

2.3.5.7 工信部门

(1)是否履行车辆生产一致性监督管理。根据《车辆生产企业及产品生产一致性监督管理办法》,工业和信息化部通过指导编制并监督实施《企业生产一致性保证计划》、检查《企业生产一致性信息年报》、组织生产一致性监督检查等工作,对车辆生产企业及产品进行生产一致性监督管理,并将生产一致性监督检查结果通告车辆生产企业。对不能保证产品生产一致性的车辆生产企业依法采取通报、限期整改、暂停或撤销"免于安全技术检验"备案、暂停或撤销其相关产品入选《车辆生产企业及产品公告》等处理措施。

(2)是否严格实施商用车生产企业及产品准入管理。根据《商用车生产企业及产品准入管理规则》(工产业〔2010〕第132号)的规定,工业和信息化部按照商用车产品类别对商用车生产企业及产品准入实施分类管理;按照《商用车生产企业准入条件及审查要求》规定的具体准入条件对申请变更的企业进行考核,对不符合相应条件的,暂停其新产品申报或暂停其生产资质。

2.3.5.8 住房和城乡建设部门

(1)是否履行城市道路管理职责。根据《城市道路管理条例》(国务院令第710号)的规定,国务院建设行政主管部门主管全国城市道路管理工作。省、自治区、直辖市人民政府城市建设行政主管部门主管本行政区域内的城市道路管理工作。县级以上城市人民政府市政工程行政主管部门主管本行政区域内的城市道路管理工作。市政工程行政主管部门应当根据城市道路发展规划,制定城市道路年度建设计划,经当地人民政府批准后实施。

(2)是否履行城市道路养护和维修职责。根据《城市道路管理条例》规定,市政工程行政主管部门对其组织建设和管理的城市道路,按照城市道路的等级、数量及养护和维修的定额,逐年核定养护、维修经费,统一安排养护、维修资金。市政工程行政主管部门负责对养护、维修工程的质量进行监督检查,保障城市道路完好。

3 道路交通事故深度调查的法律责任认定及相关结果运用

在道路交通事故发生过程中,责任主体通常会有违反相关法律法规的行为,因此,需要承担相应的法律责任。按照责任主体为分类标准,道路交通事故深度调查法律责任可分为违法驾驶人的法律责任、企业及安全生产责任人的法律责任和行政主管部门的法律责任。

3.1 违法驾驶人的法律责任

在道路交通事故发生过程中,驾驶人通常会有违反道路交通安全法律法规的行为在道路交通事故深度调查中,驾驶人的法律责任就是驾驶人对于其违反道路交通安全违法行为所承担的不利后果。以法律性质为分类标准,违法驾驶人的法律责任可以分为刑事责任、行政责任和民事责任。

3.1.1 刑事责任

刑事责任是指违法驾驶人因其违反道路交通安全法律法规而造成的交通事故所必须承担的、由司法机关代表国家所确定的否定性法律后果。追究违法驾驶人的刑事责任通过启动刑事诉讼程序,审查违法驾驶人的行为是否构成犯罪,依法定罪量刑。在道路交通事故深度调查中,违法驾驶人可能涉及的刑事罪名主要有交通肇事罪、危险驾驶罪、以危险方法危害公共安全罪、危险物品肇事罪、教育设施重大安全事故罪、重大责任事故罪、非法运输危险物质罪、非法运输爆炸物罪、过失损坏交通工具罪。追究违法驾驶人刑事责任的法律依据包括:《刑法》《道路交通安全法》《刑事诉讼法》《最高人民法院关于审理交通肇事刑事案件具体应用法律若干问题的解释》(法释〔2000〕33号)、《最高人民检察院、公安部关于公安机关管辖的刑事案件立案追诉标准的规定(一)》(公通字〔2008〕36号)《公安部刑事案件管辖分工规定》(公通字〔2020〕9号)。

对违法驾驶人刑事责任的追究主要体现为认定其违法行为是否构成犯罪,触犯了哪些罪名,应当处以什么样的刑罚。因此,依据罪刑法定原则,道路交通事故深度调查中,违法驾驶人的刑事责任由国家刑事司法机关依据《刑法》及其相关司法解释予以认定。虽然在重特大交通事故中,违法驾驶人很少能幸存,其本应承担的刑事责任由此得以免责,但刑罚是最严厉的制裁手段,也是最有效的制裁手段。

3.1.1.1 罪名构成

依照现行《刑法》的规定,对道路交通事故深度调查中违法驾驶人可能触犯的刑事罪名阐述如下:

(1)交通肇事罪。交通肇事罪是指违反交通运输管理法规而发生重大事故,致人重伤、死亡或者公私财产遭受重大损失的行为。本罪的犯罪构成分为4个方面:一是本罪侵犯的犯罪客体是公共交通安全。二是本罪犯罪客观方面表现为在交通运输活动中违反交通运输管理法规,因而发生重大事故,致人重伤、死亡或者使公私财产遭受重大损失。在交通运输活动过程中,主要包括公路和水上交通运输活动,对于铁路和飞行领域发生的事故,适用铁路运营安全事故罪和重大飞行事故罪。非公用性质的道路和地点,如厂矿、农场、林场自建的不通行社会车辆的专用道路、封闭式住宅小区的大路等,由于不在公共交通管理范围内,发生交通事故的,不构成本罪。其中,违反交通运输管理法规,包括《道路交通安全法》及其实施条例等;发生重大事故,致人重伤、死亡或者使公私财产遭受重大损失;违反交通运输管理法规与发生重大事故之间必须具有刑法意义上的因果关系。三是本罪的犯罪主体是年满16周岁、具有辨认和控制自己行为能力的自然人。四是本罪犯罪主观方面表现为过失,包括疏忽大意的过失和过于自信的过失。

在立案标准方面,根据《最高人民法院关于审理交通肇事刑事案件具体应用法律若干问题的解释》第二条,"交通肇事具有下列情形之一的,处三年以下有期徒刑或者拘役:(一)死亡一人或者重伤三人以上,负事故全部或者主要责任的;(二)死亡三人以上,负事故同等责任的;(三)造成公共财产或者他人财产直接损失,负事故全部或者主要责任,无能力赔偿数额在三十万元以上的。交通肇事致一人以上重伤,负事故全部或者主要责任,并具有下列情形之一的,以交通肇事罪定罪处罚:

(一)酒后、吸食毒品后驾驶机动车辆的;(二)无驾驶资格驾驶机动车辆的;(三)明知是安全装置不全或者安全机件失灵的机动车辆而驾驶的;(四)明知是无牌证或者已报废的机动车辆而驾驶的;(五)严重超载驾驶的;(六)为逃避法律追究逃离事故现场的。"

以张某某交通肇事抗诉案[(2013)沈刑二终字第230号]为例。2010年9月15日10时,因闫某某家乔迁在会宾楼宴请张某某、韩某、孙某、宋某等人,14时许张某某、韩某、孙某、宋某等从饭店出来,张某某与韩某同乘一辆两轮摩托车,行驶至沈阳经济技术开发区沈辽路,发生单方交通事故,造成张某某受伤,韩某死亡的后果。公诉机关沈阳经济技术开发区人民检察院指控被告人张某某无证驾驶无号牌两轮摩托车载乘韩某发生单方交通事故,造成张某某受伤,被害人韩某死亡的后果,且负事故的全部责任,应当以交通肇事罪追究其刑事责任。被告人张某某辩称:案发当时骑摩托车的是死者韩某,自己是乘员应无罪。其辩护人的辩护意见为:公诉机关指控被告人张某某犯交通肇事罪的证据不足。理由为:①被告人张某某不承认自己是骑车人,并且与证人宋某、闫某某、张某某的证言一致;②证人张某系悬赏后的证人,其证言不具有真实性,事发现场没有证人目击事发的瞬间;③被告人张某某系视力二级残疾人,其左眼先天失明,右眼视力为0.2~0.3,看5米内的物体都非常模糊,根本不能驾驶摩托车,另死者韩某是持有摩托车驾驶证的,故骑摩托车符合常理推断;④现场勘验记录上记载肇事车辆车牌号为辽K*****,现场记录在卷的照片肇事车辆无牌照,沈阳市公安局交警支队开发区大队出具的交通事故责任认定书中确定肇事车辆是无牌照的,现场勘验笔录、现场照片以及交通事故责任认定书之间互相矛盾;⑤侦查机关已经提取的物证监控录像没有完全提供,重要的物证缺失。抗诉机关沈阳经济技术开发区人民检察院的抗诉理由是:综合本案中国刑事警察学院司法鉴定中心、沈阳汽车性能质量司法鉴定所出具的鉴定意见书及证人张某的证言等证据,能够形成完整的证据体系,认定被告人张某某犯交通肇事罪事实清楚、证据确实、充分。沈阳市人民检察院认为沈阳经济技术开发区人民检察院抗诉正确,支持抗诉。

沈阳经济技术开发区人民法院于2013年1月25日作出(2011)经开刑初字第216号刑事附带民事判决:认定被告人张某某无罪;驳回附带民事诉讼原告人韩某

某、李某某对被告人张某某的诉讼请求。宣判后,沈阳经济技术开发区人民检察院以沈开检刑抗(2013)1号抗诉书提出抗诉,辽宁省沈阳市人民检察院支持抗诉。原审附带民事诉讼原告人韩某某、李某某提出上诉。辽宁省沈阳市中级人民法院于2013年6月13日作出(2013)沈刑二终字第230号刑事附带民事裁定:驳回抗诉、上诉,维持原判。

法院生效裁判认为:中国刑事警察学院司法鉴定中心检验意见书和沈阳汽车性能质量司法鉴定所鉴定意见书证实张某某损伤符合交通事故中驾驶员损伤特点,张某某为事故时摩托车驾驶人,同时证人张某亦证实该节。但综合全案其他证人宋某、张某某、闫某某、韩某某、韩某证言等证据,能够证实最初及中途的摩托车驾驶人均是韩某,被害人韩某家属曾因保险理赔事宜找过张某某,让其承认骑摩托车的事实。另外,张某某具有眼部残疾、无驾驶证事实及一直否认驾驶摩托车肇事。综上,公诉机关出示的鉴定意见及证人张某的证言与上述证据相矛盾,不能形成证实从饭店到肇事地点韩某与张某某之间存在换乘事实的完整证据链条,并得出张某某驾驶机动车辆发生交通事故导致韩某死亡的结论,故公诉机关指控被告人张某某犯交通肇事罪的主要事实不清、证据不足,按照疑罪从无的原则,依法应认定张某某无罪。

(2)危险驾驶罪。危险驾驶罪是指在道路上驾驶机动车追逐竞驶,情节恶劣的;醉酒驾驶机动车的;从事校车业务或者旅客运输,严重超过定额乘员载客,或者严重超过规定时速行驶的;违反危险化学品安全管理规定运输危险化学品,危害公共安全的行为。本罪的犯罪构成分为4个方面:一是本罪侵犯的犯罪客体是公共交通安全。二是本罪犯罪客观方面表现为在道路上驾驶机动车追逐竞驶,情节恶劣的;醉酒驾驶机动车的;从事校车业务或者旅客运输,严重超过定额乘员载客,或者严重超过规定时速行驶的;违反危险化学品安全管理规定运输危险化学品,危害公共安全。其中,道路是指按照《道路交通安全法》规定,公路、城市道路和虽在单位管辖范围但允许社会机动车通行的地方,包括广场、公共停车场等用于公众通行的场所。三是本罪的犯罪主体是年满16周岁、具有辨认和控制自己行为能力的自然人。四是本罪犯罪主观方面表现为故意,即明知自己在道路上醉酒驾驶机动车或者在道路上驾驶机动车追逐竞驶、超速超载以及违反规定运输危险化学品的行为危害到公共安全而希望或放任这种状态的发生。

（3）以危险方法危害公共安全罪。以危险方法危害公共安全罪是指使用与放火、决水、爆炸、投放危险物质等危险性相当的其他危险方法，危害公共安全的行为。本罪的犯罪构成分为4个方面：一是本罪侵犯的犯罪客体是公共交通安全。二是本罪的犯罪客观方面表现为行为人故意使用与放火、决水、爆炸、投放危险物质等危险性相当的其他危险方法侵害不特定多数人的生命健康权或者重大公私财产权，危害公共安全的行为。三是本罪的犯罪主体是年满16周岁、具有辨认和控制自己行为能力的自然人。四是本罪犯罪主观方面表现为故意，即行为人明知所实施的以危险方法危害公共安全的行为会造成危害公共安全的后果，并且希望或者放任这种危害后果发生的心理态度。

（4）危险物品肇事罪。危险物品肇事罪是指是指违反爆炸性、易燃性、放射性、毒害性、腐蚀性物品的管理规定，在生产、储存、运输、使用中，由于过失发生重大事故，造成严重后果的行为。本罪的犯罪构成分为4个方面：一是本罪侵犯的客体是公共安全，即不特定多数人的生命、健康和重大公私财产的安全。二是本罪在客观方面表现为在生产、储存、运输、使用危险物品的过程中，违反危险物品管理规定，发生重大事故，造成严重后果的行为。三是本罪的主体为一般主体。从司法实践中的案件情况看，主要是从事生产、储存、运输、使用爆炸性、易燃性、放射性、毒害性、腐蚀性物品的职工。四是本罪主观方面表现为过失，即行为人对违反危险品管理规定的行为所造成的危害结果具有疏忽大意或者过于自信的主观心理。

（5）重大责任事故罪。重大责任事故罪是指在生产、作业中违反有关安全管理的规定，因而发生重大伤亡事故或者造成其他严重后果的行为。本罪的犯罪构成分为4个方面：一是本罪侵犯的客体是生产、作业安全，即从事生产、作业的不特定或者多数人的生命、健康的安全，或者重大公私财产的安全。二是本罪客观方面表现为在生产、作业中违反有关安全管理的规章制度，因而发生重大伤亡事故或者造成其他严重后果的行为。三是本罪的犯罪主体是年满16周岁、具有辨认和控制自己行为能力的自然人。四是本罪主观方面表现为过失，包括疏忽大意的过失和过于自信的过失。

（6）教育设施重大安全事故罪。教育设施重大安全事故罪是指明知校舍或者其他教育设施有危险,而不采取措施或者不及时报告,致发生重大伤亡安全事故的行为。本罪的犯罪构成分为4个方面:一是本罪侵犯的客体是学校及其他教育机构的正常活动和师生员工的人身安全。二是本罪客观方面表现为明知校舍或者教育教学设施具有危险而仍不采取措施或者不及时报告,致使发生重大事故的行为。三是本罪的犯罪主体是年满16周岁、具有辨认和控制自己行为能力的自然人。四是本罪主观方面表现为过失,包括疏忽大意的过失和过于自信的过失。

(7)非法运输爆炸物罪。非法运输爆炸物罪是指行为人违反国家有关爆炸物管理的法规,非法运输爆炸物,危害公共安全的行为。本罪的犯罪构成分为4个方面:一是本罪侵犯的客体是公共安全,即不特定多数人的生命、健康和重大公私财产的安全。二是本罪客观方面表现为非法制造、买卖、运输、邮寄、储存枪支、弹药、爆炸物的行为。三是本罪的犯罪主体是年满16周岁、具有辨认和控制自己行为能力的自然人。四是本罪主观方面表现为故意,即明知是枪支、弹药、爆炸物而非法制造、买卖、运输、邮寄、储存。其动机则可能多种多样,有了为了牟利,有的为了实施其他犯罪。

(8)非法运输危险物质罪。非法运输危险物质罪是指违反相关规定违法运输毒害性、放射性、传染病病原体等物质的行为。本罪的犯罪构成分为4个方面:一是本罪侵犯的客体是公共安全,即不特定多数人的生命、健康和重大公私财产的安全。二是本罪客观方面表现为非法运输毒害性、放射性、传染病病原体等物质,危害公共安全的行为。三是本罪的犯罪主体是年满16周岁、具有辨认和控制自己行为能力的自然人。四是本罪主观方面表现为故意,即明知是毒害性、放射性、传染病病原体等物质而非法运输。

(9)过失损坏交通工具罪。过失损坏交通工具罪是由于过失而引起火车、汽车、电车、船只、航空器遭受严重破坏,造成严重后果的行为。本罪的犯罪构成分为4个方面:一是本罪侵犯的客体是交通运输安全。侵害的对象是正在使用的火车、汽车、电车、船只、航空器等大型现代化交通工具。只有过失破坏上述交通工具才能造成危害交通运输安全的严重后果,构成本罪。二是本罪客观方面表现为实施使火车、汽车、电车、船只、航空器遭受破坏,并造成严重后果的行为。这种破坏交通工具的行为通常表现为行为人不谨慎,无意中造成交通工具的破坏。三是本罪的犯罪主体是年满16周岁、具有辨认和控制自己行为能力的自然人。四是本罪主观方面表现为过失,即行为人对其破坏交通工具的行为可能引起的严重后果应当预见,因为疏忽大意而未预见;或者虽然已经预见,而轻信能够避免,以致发生了严重后果。如果行为人对其行为造成的危害交通运输安全的严重后果既非出于故意,也不存在过失,属于意外事件,不构成犯罪。

3.1.1.2 相似罪名辨析

(1)交通肇事罪、危险驾驶罪、以危险方法危害公共安全罪的区别。从犯罪构成上来看,交通肇事罪、危险驾驶罪、以危险方法危害公共安全罪之间的区别比较明显,此处不再重点论述。从犯罪形态上来看,交通肇事罪是结果犯,要求必须发生法定的危害结果才能成立犯罪;危险驾驶罪是抽象的危险犯,只要实施特定的危险行为,就被推定为危险状态已经存在;以危险方法危害公共安全罪是具体的危险犯,不仅要实施特定的危险行为,而且必须引发现实的具体危险。从行为方式上看,交通肇事罪中行为人造成损害结果的行为既可以表现为作为,也可以表现为不作为;危险驾驶罪、以危险方法危害公共安全罪的行为只能是积极的作为。

(2)危险物品肇事罪、非法运输危险物质罪的区别。从损害后果来看,危险物品肇事罪是结果犯,强调在生产、存储、运输、使用中发生重特大事故:造成死亡一人以上或者重伤三人以上;造成直接经济损失五十万元以上;其他造成严重后果的情形。非法运输危险物质罪是一种复合犯:第一,对危害的结果并不要求达到重大事故程度,只要造成人员重伤或者死亡、造成直接经济损失十万元以上的、造成严重污染环境的或者造成传染病流行、暴发的,就构成犯罪;第二,在非法违法物质运输途中其本身就存在对公共安全的威胁,比如运输数量超过标准的毒害性、放射性危险物质,此时不以造成危害后果为构成犯罪的要件。

(3)交通肇事罪、危险物品肇事罪的区别。根据《刑法》第一百三十三条以及最高人民法院《关于审理交通肇事刑事案件具体应用法律若干问题的解释》的规定,构成交通肇事罪的,其违反交通运输管理法规的行为必须是导致事故后果的直接原因,且在事故中负全部责任、主要责任或同等责任。因此,虽然驾驶人实施的运输危险物品的行为违反了危险物品的管理规定,但并不是事故发生的直接原因,在事故中不承担全部责任、主要责任、同等责任的,就应当依照危险物品肇事罪定罪处罚,而不是交通肇事罪。

(4)重大责任事故罪、危险物品肇事罪的区别。从主体上看,重大责任事故罪的主体是从事生产、作业或者指挥生产作业的人员;危险物品肇事罪的主体一般是从事危险物品生产、储存、运输和使用的人员。从行为发生的场合来看,重大责任事故罪的行为必须是发生在生产、作业过程中;而危险物品肇事罪则只能发生在生产、存储、运输、使用危险物品的过程中。

(5)交通肇事罪、重大责任事故罪的区别。从主体上看,交通肇事罪的主体是从事交通运输并受交通运输管理法规调整的人员;重大责任事故罪的主体是从事生产、作业或者对生产、作业进行管理的人员。从行为的性质上看,交通肇事罪行为人违反的是交通运输管理法规;重大责任事故罪行为人违反的是与生产、作业相关的安全管理规定。从行为范围来看,交通肇事行为必须是发生在交通运输管理的范围内;重大责任事故罪一般发生在企业、事业单位等内部或者其他生产作业的场所。因此,结合《最高人民法院关于审理交通肇事刑事案件具体应用法律若干问题的解释》第八条的规定,可以认定:①生产、作业人员在生产作业区域内违反安全规定操控运输工具而造成严重后果的,定重大责任事故罪;②交通运输人员在公共交通管理范围内因违反交通运输管理法规而造成严重后果的,定交通肇事罪;③生产、作业人员在公共交通管理范围内,因违反交通运输管理法规而造成严重后果的,定交通肇事罪;因违反生产、作业安全管理规定的,定重大责任事故罪;④交通运输人员在交通管理范围外的生产、作业场所因违反运输工具操控规定或生产、作业安全管理规定,而造成严重后果的,定重大责任事故罪。

(6)过失损坏交通工具罪、交通肇事罪的区别。两者都是过失犯罪,主要的区别在于客观方面。过失损坏交通工具罪客观方面表现为因过失行为而致使火车、汽车、电车、船只、航空器发生倾覆、毁坏,造成严重后果;交通肇事罪则表现为行为人违反交通运输管理法规而引起重大事故,致人重伤、死亡或者使公私财产遭受重大损失。因此,行为人在驾驶机动车的过程中,违反交通运输管理法规,过失引起交通工具倾覆、毁坏,造成严重后果的,不构成过失损坏交通工具罪,而构成交通肇事罪。

3.1.2 行政责任

行政责任是指在交通事故中违法行为人因违反《道路交通安全法》等行政法律法规或者因其他法律规定而应该承担的法律责任。在道路交通事故深度调查中,违法驾驶人的违法行为即便已触犯《刑法》、构成犯罪,被依法追究刑事责任,也不能免于行政责任的追究。行政责任的追究形式以警告、罚款、暂扣或吊销驾驶证、行政拘留的行政处罚的方式来实现。追究违法驾驶人行政法律责任的依据包括:《道路交通安全法》《行政处罚法》《行政执法机关移送涉嫌犯罪案件的规定》(国务院令第310号)《道路交通安全违法行为处理程序规定》《道路交通事故处理程序规定》《公安机关办理行政案件程序规定》(公安部令第160号)《机动车驾驶证申领和使用规定》《道路交通安全违法行为记分管理办法》(公安部令第163号)。

相比刑事追责作为违法驾驶人责任追究的最后一项机制,追究违法驾驶人的行政责任对维护道路交通安全的作用更加重要,也更加常见。驾驶人在行驶过程中,首要遵循的是道路交通管理相关的法律、法规和规章,包括驾驶资质的取得、机动车通行的要求、对交通标志标线以及信号灯的遵守、在核定载重量内运载货物等。而事故的发生必然是因为驾驶人的驾驶行为违背了道路交通管理法律法规的规定。虽然就处罚力度和影响力而言,违法驾驶人承担的行政责任相比刑事责任来说轻很多,但正是由于驾驶人轻视了道路交通行政管理的各项规定,才导致了事故的发生。

3.1.2.1 行政处罚的种类

在交通事故中,违法驾驶人因违反道路交通安全法律法规需要承担行政责任,这种行政责任以接受行政处罚的形式实现。公安机关交通管理部门及其交通警察对违法驾驶人的作出行政处罚应当遵循合法、及时、公正、公开和处罚与教育相结合的原则。公安交通行政管理处罚种类,是其行政处罚的具体表现形式,包括:警告、罚款、暂扣或者吊销机动车驾驶证、行政拘留。公安机关交通管理部门以及交通警察给予违法驾驶人的处罚种类不得超出此范围。因此,违法驾驶人的行政责任主要体现在承担名誉罚、财产罚、资格罚以及人身罚这四类行政处罚上。

在道路交通事故中,违法驾驶人或超载、或超速、或非法运输危化品,有的甚至没有取得相应的驾驶资质,用警告这种处罚手段已不足以惩罚违法驾驶人。因而,此类事故的违法驾驶人在行政责任的承担上,往往也要面临较重的行政处罚。

3.1.2.2 行政处罚与刑事处罚的衔接

刑事处罚是国家创制的、对犯罪人适用的特殊制裁方式,是对犯罪人某种利益的剥夺,并且表现出国家对犯罪人及其行为的否定评价。在我国,刑事处罚便是指是由《刑法》规定的,由国家审判机关依法限制或者剥夺罪犯一定权益的最严厉的强制性制裁方法。而行政处罚是国家行政机关针对违反行政管理法规行为的个人、组织,在其职权范围内采取的制裁措施。在我国,行政处罚是惩罚体系的重要组成部分。

从客体角度看,两种法律责任主体所侵害的都是法律规范所保护的以公共利益和公共秩序为内容的社会关系;从法律责任角度看,二者都是行为人向国家和社会所承担的一种公法上的责任,具有惩罚性和制裁性。但作为两种不同的法律制裁方式,行政处罚与刑事处罚在适用条件、作用、权力性质的归属、责任承担的主体、是否承担连带责任、主观条件对责任成立的影响、处罚种类的侧重点等方面均有差别。在现实中,当某一违法行为不仅违反法律法规的行政管理秩序,而且因"情节严重"触犯《刑法》构成犯罪时,就发生了违反行政法律规范和违反刑事法律规范竞合的现象,此时也就产生了行政处罚与刑事处罚在适用上的衔接关系问题。对道路交通事故深度调查的违法驾驶人而言,其承受的行政处罚与刑事处罚适用的衔接问题尤为突出。

在道路交通事故行政处罚与刑事处罚的衔接问题上,主要有以下3个方面的内容。

第一,立法上的衔接。《行政处罚法》中涉及行政处罚与刑事处罚适用衔接关系的规定共有8个条款。①第八条第二款规定,违法行为构成犯罪,应当依法追究刑事责任的,不得以行政处罚代替刑事处罚。②第二十七条第一款规定,违法行为涉嫌犯罪的,行政机关应当及时将案件移送司法机关,依法追究刑事责任。对依法不需要追究刑事责任或者免予刑事处罚,但应当给予行政处罚的,司法机关应当及时将案件移送有关行政机关。③第三十五条规定,违法行为构成犯罪,人民法院判处拘役或者有期徒刑时,行政机关已经给予当事人行政拘留的,应当依法折抵相应刑期。违法行为构成犯罪,人民法院判处罚金时,行政机关已经给予当事人罚款的,应当折抵相应罚金;行政机关尚未给予当事人罚款的,不再给予罚款。④第五十七条规定,"调查终结,行政机关负责人应当对调查结果进行审查,根据不同情况,分别作出如下决定:(一)确有应受行政处罚的违法行为的,根据情节轻重及具体情况,作出行政处罚决定;(二)违法行为轻微,依法可以不予行政处罚的,不予行政处罚;(三)违法事实不能成立的,不予行政处罚;(四)违法行为涉嫌犯罪的,移送司法机关。对情节复杂或者重大违法行为给予行政处罚,行政机关负责人应当集体讨论决定。"⑤第七十九条规定,行政机关截留、私分或者变相私分罚款、没收的违法所得或者财物的,由财政部门或者有关机关予以追缴,对直接负责的主管人员和其他直接责任人员依法给予处分;情节严重构成犯罪的,依法追究刑事责任。执法人员利用职务上的便利,索取或者收受他人财物、将收缴罚款据为己有,构成犯罪的,依法追究刑事责任;情节轻微不构成犯罪的,依法给予处分。⑥第八十一条规定,行政机关违法实施检查措施或者执行措施,给公民人身或者财产造成损害、给法人或者其他组织造成损失的,应当依法予以赔偿,对直接负责的主管人员和其他直接责任人员依法给予处分;情节严重构成犯罪的,依法追究刑事责任。⑦第八十二条规定,行政机关对应当依法移交司法机关追究刑事责任的案件不移交,以行政处罚代替刑事处罚,由上级行政机关或者有关机关责令改正,对直接负责的主管人员和其他直接责任人员依法给予处分;情节严重构成犯罪的,依法追究刑事责任。⑧第八十三条规定,行政机关对应当予以制止和处罚的违法行为不予制止、处罚,致使公民、法人或者其他组织的合法权益、公共利益和社会秩序遭受损害的,对直接负责的主管人员和其他直接责任人员依法给予处分;情节严重构成犯罪的,依法追究刑事责任。

由此可见,行政处罚与刑事处罚在立法上的衔接通过规定"构成犯罪的,移送司法机关",明确了当违法驾驶人涉嫌犯罪时,应当过渡到刑事司法程序中,由司法机关追究其刑事责任。违法驾驶人的行政责任与刑事责任追究的衔接有法可依,而且在事故调查与事故处理中违法驾驶人有触犯刑法的行为,需要移交司法机关追究刑事责任的,必须依法移送。

第二,证据的衔接。我国特有的行政—犯罪二元体制造成了行政执法与刑事司法衔接的现实难题,尤其是行政证据与刑事证据的衔接,直接影响着行政执法和查办案件的效果。行政证据和刑事证据在证据收集主体、证据形式、证据收集程序等方面存在着差异,从根本上讲,是刑事诉讼的基本属性对证据提出了更高的要求。我国刑事证据的采纳和采信规则,将证据收集主体严格限制在人民法院、人民检察院和公安机关,证据形式局限于《刑事诉讼法》第五十条所规定的几种证据形式,证据收集程序较行政程序更为严格。这种严格的合法性要求导致的后果,就是行政证据在刑事诉讼中难以直接运用。

2018年修正后的《刑事诉讼法》通过立法解决了行政证据和刑事证据的衔接适用问题。《刑事诉讼法》(2012年)第五十四条第二款规定:"行政机关在行政执法和查办案件过程中收集的物证、书证、视听资料、电子数据等证据材料,在刑事诉讼中可以作为证据使用。"

最高人民检察院和公安部在新《刑事诉讼法》修改后发布的有关司法解释及规范性文件对于"在刑事诉讼中可以作为证据使用"的行政执法证据的范围进行了界定。最高人民检察院《人民检察院刑事诉讼规则》(高检发释字〔2019〕4号)将其分为三类:第一类与法律规定一致,包括物证、书证、视听资料和电子数据;第二类为行政机关在行政执法和查办案件过程中收集的鉴定意见、勘验、检查笔录;第三类为"有关机关在行政执法和查办案件过程中收集的涉案人员供述或者相关人员的证言、陈述,应当重新收集;确有证据证实涉案人员或者相关人员因路途遥远、死亡、失踪或者丧失作证能力,无法重新收集等,但供述、证言或者陈述的来源、收集程序合法,并有其他证据相印证,经人民检察院审查符合法定要求的,可以作为证据使用"。公安部《公安机关办理刑事案件程序规定》第五十九条则在法律规定的物证、书证、视听资料、电子数据之外新增了检验报告、鉴定意见、勘验笔录、检查笔录等证据材料,其范围与《人民检察院刑事诉讼规则》规定的前两类基本一致。

《刑事诉讼法》第五十四条第二款只是规定前述行政执法证据"可以作为证据使用",这也就意味着公安司法机关在考虑是否将前述行政执法证据作为刑事诉讼证据使用时,还需要对其进行证据能力的审查。正如参与《刑事诉讼法修改》的有关立法工作人员所言,是指这些证据具有进入刑事诉讼的资格,不需要刑事侦查机关再次履行取证手续。但这些证据能否作为定案的根据,还需要根据本法的其他规定由侦查、检察、审判机关审查判断。经审查如果是应当排除的或者不真实的证据,就不能作为定案的根据。事实上,最高人民法院《关于适用〈中华人民共和国刑事诉讼法〉的解释》(法释〔2021〕1号)第七十五条的规定充分体现了行政执法证据在刑事诉讼审判领域的"衔接规则"。"行政机关在行政执法和查办案件过程中收集的物证、书证、视听资料、电子证据等证据材料,经法庭查证属实,且收集程序符合有关法律、行政法规规定的,可以作为定案的根据。"在侦查活动和审查起诉活动中,公安机关和检察机关也应当把行政执法证据"作为证据使用"的情形与作为其作出立案侦查、审查批捕、移送审查起诉以及提起公诉决定的依据的情形区分开来,依照刑事诉讼各个阶段对证据能力和证明力的标准,对行政执法证据进行审查后再使用。

第三,处罚种类的衔接。行政处罚与刑事处罚都是公法上的责任承担方式,是国家作为主体对违法行为人实施的处罚,而且二者实施处罚的前提条件是相同的,即都是违法行为人实施了违法行为,只是违法的程度轻重不同。行政处罚是针对违法行为进行的处罚,而刑事处罚是针对情节严重的违法行为进行的处罚,显然,行政处罚是比刑事处罚更轻的责任承担方式。这就为行政处罚与刑事处罚的衔接奠定了基础。

对交通事故当事人的道路交通安全违法行为,一般是由公安交通管理部门依据《道路交通安全法》作出罚款、拘留、暂扣驾驶证、吊销驾驶证等行政处罚。在行政处罚与刑事处罚之处罚种类的衔接方面,主要包括罚金与罚款的衔接和短期自由刑与人身自由罚的衔接。关于罚金与罚款的衔接,对犯罪分子判处罚金后,由于罚金刑比罚款的处罚更重,而且对犯罪分子财产损失的惩罚目的已达到,因此,公安交通管理部门不能再对其进行罚款,否则就是重复处罚。而对行政执法机关已作罚款处罚的,人民法院认为罚款不足以惩戒时也可以重新判处罚金,并可以将已执行的罚款折抵罚金。关于短期自由刑与人身自由罚的衔接,目前我国行政拘留的期限与作为刑罚处罚的拘役的期限相衔接,可以折抵。而随着《刑法修正案(九)》《刑法修正案(十一)》和将"从事校车业务或者旅客运输,严重超过定额乘员载客,或者严重超过规定时速行驶""违反危险化学品安全管理规定运输危险化学品,危及公共安全""行驶中的公共交通工具的驾驶人员使用暴力或者抢控驾驶操纵装置,干扰公共交通工具正常行驶"行为列入危险驾驶罪,应相应加大对上述行为情节轻微尚不构成犯罪的行政处罚力度,根据违法程度,借鉴"醉驾入刑"的经验,科学设置罚款、暂扣或者吊销机动车驾驶证和拘留等行政处罚,以与刑事处罚相衔接。

3.1.3 民事责任

民事责任是指违法驾驶人因交通事故的发生而依照民事法律规定所承担的一种法律责任。违法驾驶人的违法行为对人身伤亡、财产损失的结果承担侵权或违约的民事责任,并依法应当通过民事赔偿的方式履行民事责任。由于道路交通事故的巨大损失往往让事故责任一方难以承受,损害的是受害人的利益。因此,为了强化对受害人的保护,化解事故责任纠纷引发的矛盾,解决道路交通事故赔偿问题,我国和世界上很多国家一样,对机动车实行第三者责任强制保险制度,由保险公司在责任限额范围内先承担理赔责任,并且不以被保险人的责任为前提。对于限额范围外的部分,机动车之间由存在过错一方承担赔偿责任。赔偿的范围包括人身伤亡损害赔偿、财产损失赔偿和精神损害赔偿。追究违法驾驶人民事责任的法律依据包括:《民法典》《民事诉讼法》《最高人民法院关于审理人身损害赔偿案件适用法律若干问题的解释》(法释〔2003〕20 号,以下简称《人身损害赔偿司法解释》)《最高人民法院关于审理道路交通事故损害赔偿案件适用法律若干问题的解释》(法释〔2012〕19 号,以下简称《道路交通故事损害赔偿司法解释》)《最高人民法院关于确定民事侵权精神损害赔偿责任若干问题的解释》(法释〔2001〕7 号,以下简称《精神损害赔偿司法解释》)。

民事法律责任是保护民事权利,促进民事主体履行民事义务的重要法律手段。我国《民法典》第一千一百六十五条规定,行为人因过错侵害他人民事权益造成损害的,应当承担侵权责任。依照法律规定推定行为人有过错,其不能证明自己没有过错的,应当承担侵权责任。就道路交通事故违法驾驶人而言,其违法行为侵害了他人的人身、财产权益,毫无疑问应当承担相应的民事责任,并且主要以民事赔偿的方式履行民事责任。

3.1.3.1 民事法律责任的种类

(1)侵权责任。本报告所指的侵权责任,是指由于道路交通事故而发生的责任人对受害人应当承担的侵权赔偿责任,即道路交通事故发生之后,造成了受害人的人身伤亡或财产损失,事故责任人对受害人依照《民法典》的规定,应当承担的侵权损害赔偿责任。结合本报告研究角度,此处的责任人仅仅针对违法驾驶人。

第一,侵权损害赔偿责任的构成。违法驾驶人的侵权损害赔偿责任的构成包括侵害行为、损害事实、侵害行为与损害事实之间有因果关系、行为人的主观过错4个方面。在道路交通事故深度调查中,违法驾驶人的侵害行为体现在其违反道路交通安全管理法律法规的规定,而实施的违法驾驶行为,例如,山西晋城"3·1"事故的违法驾驶人超载影响刹车制动系统导致追尾引发事故;长沙岳麓区"7·10"事故的违法驾驶人郑某某因超员、违法超速以及不按照审核路线行驶导致车辆失控坠入水塘;甘肃宁县"2·1"事故的违法驾驶人姜某违规使用空白包车证、驾驶超员机动车、行径不熟悉路况的县乡陡坡路段超速行驶、遇急弯时临危采取不当措施引发事故。损害事实体现在驾驶人的违法驾驶行为给受害人造成的不利后果,包括财产损害、人身伤害和精神损害,道路交通事故的损害后果往往是相关人员的伤亡,这种损害后果与驾驶人的违法驾驶行为必须存在因果关系,这种因果关系是确定责任范围的直接依据。驾驶人除了客观上实施了违法的驾驶行为外,主观上还应当存在过错,包括过失和故意两种形式:因未尽合理的注意义务而未能预见损害后果导致事故发生的是过失;已经预见自己行为的损害后果,仍然积极地追求或者听任该后果发生的是故意。根据《道路交通安全法》的相关规定,机动车驾驶人应当尽到对机动车适驾的注意义务、自身驾驶条件的注意义务、对遵守机动车通行规则的注意义务和机动车限载限速的注意义务。

第二,侵权损害赔偿责任的归责原则及责任主体的确定。道路交通事故常常出现两车相撞,甚至多车相撞,这就涉及责任的归属问题。根据《民法典》第一千二百零八条规定,机动车发生交通事故造成损害的,依照道路交通安全法律和本法的有关规定承担赔偿责任。《道路交通安全法》第七十六条规定了保险公司的无过错赔偿责任,以及机动车之间的过错赔偿责任。而具体到过错一方,又会引发适格责任主体的问题,因为在道路交通事故深度调查中,事故车辆往往是载货机动车、载客机动车,还有危险化学品运输车辆,机动车驾驶人通常是受客运或者货运公司的雇佣承担运载任务或者挂靠在某个运输公司名下,此时驾驶人是否承担侵权损害赔偿责任,承担多大的责任,不能一概而论。《民法典》第五章机动车交通事故责任部分、《道路交通事故损害赔偿司法解释》中主体责任的认定部分,都对责任主体问题作出了明确规定。此外,在道路交通事故深度调查中,人、车、路各交通参与因素均可能是导致事故的原因,车辆和道路作为特殊类型的产品,当机动车存在缺陷,不符合安全技术标准,未按照国家有关规定和标准或者使用不合格配件维修,道路未按照有关法律规定和技术标准设计或施工存在缺陷时,均可能与违法驾驶人的交通违法行为形成交通事故原因力的竞合,即不存在交通违法行为仍能够独立造成交通事故的后果。因此,车辆生产者、销售者、道路建设者、施工者等未尽到质量安全保障义务的责任人,应当与违法驾驶人共同对事故造成的损失承担侵权连带责任,此时赔偿权利人有权向一名或数名赔偿义务人承担全部或部分的赔偿责任。

第三,侵权责任的优先性。道路交通事故的违法驾驶人的同一侵害行为,往往产生民事侵权责任、行政责任和刑事责任三种法律责任的竞合,根据《民法典》第一百八十七条规定,民事主体因同一行为应当承担民事责任、行政责任和刑事责任的,承担行政责任或者刑事责任不影响承担民事责任;民事主体的财产不足以支付的,优先用于承担民事责任。这凸显了立法者以人为本的立法精神和人文情怀,侵权责任优先承担与侵权责任法首先是私权保护法有关,是保障人生存和生活所必需的。

(2)合同责任。合同责任,即合同上的责任,就道路交通领域而言,就是客运合同、货运合同中体现的责任。根据《民法典》第八百一十九条规定,承运人应当严格履行安全运输义务,及时告知旅客安全运输应当注意的事项。旅客对承运人为安全运输所作的合理安排应当积极协助和配合。第八百二十三条规定,承运人应当对运输过程中旅客的伤亡承担赔偿责任。但是,伤亡是旅客自身健康原因造成的或者承运人证明伤亡是旅客故意、重大过失造成的除外。前款规定适用于按照规定免票、持优待票或者经承运人许可搭乘的无票旅客。同理,根据《民法典》第八百三十二条规定,承运人对运输过程中货物的毁损、灭失承担赔偿责任。但是,承运人证明货物的毁损、灭失是因不可抗力、货物本身的自然性质或者合理损耗以及托运人、收货人的过错造成的,不承担赔偿责任。第八百三十三条规定,货物的毁损、灭失的赔偿额,当事人有约定的,按照其约定;没有约定或者约定不明确,依据本法第五百一十条的规定仍不能确定的,按照交付或者应当交付时货物到达地的市场价格计算。法律、行政法规对赔偿额的计算方法和赔偿限额另有规定的,依照其规定。因此,道路交通事故深度调查责任人除了应当承担因事故发生导致的人员伤亡与货物损毁的侵权责任外,还应对违反运输合同所造成的结果承担合同责任。在这种情况下,同一个行为既构成了侵权又构成了违约,形成侵权损害赔偿责任与合同违约赔偿责任的竞合,根据《民法典》第一百八十六条规定,因当事人一方的违约行为,损害对方人身权益、财产权益的,受损害方有权选择请求其承担违约责任或者侵权责任。也就是说,受害人只可以选择行使,不可以两者同时行使。当然本文所指向的驾驶人并不等同于运输合同的承运人,因此驾驶人如何承担合同违约责任,还要通过认定其是否存在雇佣、挂靠、租赁等其他民事法律关系来,确定最终的责任主体。

3.1.3.2 民事责任赔偿的范围

2004年5月1日起,《道路交通安全法实施条例》正式施行,其中第九十五条第二款规定,交通事故损害赔偿项目和标准依照有关法律的规定执行,但目前我国并未对交通事故损害赔偿项目标准制定相应的法律,只有最高人民法院颁布的《人身损害赔偿司法解释》《道路交通事故损害赔偿司法解释》以及《精神损害赔偿司法解释》对人身损害赔偿、财产损失赔偿和精神损害赔偿进行了规定。

(1)人身损害赔偿

人身损害是指机动车发生交通事故侵害被侵权人的生命权、健康权等人身权益所造成的损害。根据《人身损害赔偿司法解释》第十七条的规定,受害人遭受人身损害的,对其因就医治疗支出的各项费用以及因误工减少的收入应当受到赔偿,包括医疗费、误工费、护理费、交通费、住宿费、住院伙食补助费、必要的营养费;受害人因伤致残的,其因增加生活上需要所支出的必要费用以及因丧失劳动能力导致的收入损失应当得到赔偿,包括残疾赔偿金、残疾辅助器具费、被扶养人生活费,以及因康复护理、继续治疗实际发生的必要的康复费、护理费、后续治疗费;受害人

3 道路交通事故深度调查的法律责任认定及相关结果运用

死亡的,除人身损害赔偿外,丧葬费、被扶养人生活费、死亡补偿费以及受害人亲属办理丧葬事宜支出的交通费、住宿费和误工损失等其他合理费用,也应当得到赔偿。

(2)财产损失赔偿

财产损失是指机动车因发生交通事故侵害被侵害人的财产权益所造成的损失。根据《道路交通事故损害赔偿司法解释》的规定,对事故造成的以下财产损失,受害人提出赔偿请求,侵权人应当予以赔偿:①维修被损坏车辆所支出的费用、车辆所载物品的损失、车辆施救费用;②因车辆灭失或者无法修复,为购买交通事故发生时与被损坏车辆价值相当的车辆重置费用;③依法从事货物运输、旅客运输等经营性活动的车辆,因无法从事相应经营活动所产生的合理停运损失;④非经营性车辆因无法继续使用,所产生的通常替代性交通工具的合理费用。

(3)精神损害赔偿

根据《民法典》第一千一百八十三条规定,侵害自然人人身权益造成严重精神损害的,被侵权人有权请求精神损害赔偿。因故意或者重大过失侵害自然人具有人身意义的特定物造成严重精神损害的,被侵权人有权请求精神损害赔偿。对精神损害赔偿的具体适用主要依据《精神损害赔偿司法解释》,该解释规定,自然人的生命权、健康权和身体权遭到不法侵害,造成严重后果的,可以请求精神损害赔偿,赔偿方式可包括停止侵害、恢复名誉、消除影响、赔礼道歉,也可以请求支付精神损害抚慰金,其中精神损害抚慰金包括致人残疾时支付的残疾赔偿金、致人死亡时的死亡赔偿金以及其他损害情形的精神抚慰金。由于《人身损害赔偿司法解释》对致人残疾、死亡已规定了应支付残疾赔偿金和死亡赔偿金,这本身就是一种精神抚慰金。因此,受害人因交通事故而导致残疾、死亡的,不能在残疾赔偿金和死亡赔偿金之外,再要求精神抚慰金;受害人因交通事故受伤的,但没有残疾或者死亡的,可以要求精神抚慰金。

3.2 企业及生产安全责任人的法律责任

实践中,在认定企业道路交通事故时,应依据法律规范的要求,区分不同企业在交通事故中的作用大小,并根据法律对企业安全生产的要求及其相关义务性要求,依法作出认定。

根据我国《安全生产法》的相关规定,在中华人民共和国领域内从事生产经营活动的单位的安全生产,均应适用《中华人民共和国安全生产法》的相关规定;有关法律、行政法规对道路交通安全另有规定的,适用其规定。因此,道路交通安全领域的企业责任主要适用《安全生产法》和《道路交通安全法》的规定。根据这两部法律的相关规定,涉及道路交通安全的相关经营单位对道路交通安全承担主体责任。道路交通生产经营单位必须遵守《安全生产法》和其他有关安全生产的法律、法规,加强安全生产管理,建立、健全安全生产责任制和安全生产规章制度,改善安全生产条件,推进安全生产标准化建设,提高安全生产水平,确保安全生产。道路交通生产经营单位的主要负责人对本单位的安全生产工作全面负责。以《安全生产法》为例,道路交通安全生产经营单位的安全生产保障义务内容就极其丰富,包括:

一是生产经营单位的安全生产义务内容。

(1)道路交通相关生产经营单位应当具备有关法律、行政法规和国家标准或者行业标准规定的安全生产条件;不具备安全生产条件的,不得从事生产经营活动。

(2)道路交通相关生产经营单位的安全生产责任制应当明确各岗位的责任人员、责任范围和考核标准等内容。生产经营单位应当建立相应的机制,加强对安全生产责任制落实情况的监督考核,保证安全生产责任制的落实。

(3)道路交通相关生产经营单位应当具备的安全生产条件所必需的资金投入,由生产经营单位的决策机构、主要负责人或者个人经营的投资人予以保证,并对由于安全生产所必需的资金投入不足导致的后果承担责任。有关生产经营单位应当按照规定提取和使用安全生产费用,专门用于改善安全生产条件。安全生产费用在成本中据实列支。

(4)道路交通相关生产经营单位(主要是道路运输单位)应当设置安全生产管理机构或者配备专职安全生产管理人员。法定经营单位以外的其他生产经营单位,从业人员超过一百人的,应当设置安全生产管理机构或者配备专职安全生产管理人员;从业人员在一百人以下的,应当配备专职或者兼职的安全生产管理人员。

(5)安全教育义务。生产经营单位应当对从业人员进行安全生产教育和培训,保证从业人员具备必要的安全生产知识,熟悉有关的安全生产规章制度和安全操作规程,掌握本岗位的安全操作技能,了解事故应急处理措施,知悉自身在安全生产方面的权利和义务。未经安全生产教育和培训合格的从业人员,不得上岗作业。

生产经营单位使用被派遣劳动者的,应当将被派遣劳动者纳入本单位从业人员统一管理,对被派遣劳动者进行岗位安全操作规程和安全操作技能的教育和培训。劳务派遣单位应当对被派遣劳动者进行必要的安全生产教育和培训。

生产经营单位接收中等职业学校、高等学校学生实习的,应当对实习学生进行相应的安全生产教育和培训,提供必要的劳动防护用品。学校应当协助生产经营单位对实习学生进行安全生产教育和培训。

生产经营单位应当建立安全生产教育和培训档案,如实记录安全生产教育和培训的时间、内容、参加人员以及考核结果等情况。

道路交通相关生产经营单位采用新工艺、新技术、新材料或者使用新设备,必须了解、掌握其安全技术特性,采取有效的安全防护措施,并对从业人员进行专门的安全生产教育和培训。

(6)生产经营单位使用的危险物品的容器、运输工具,以及涉及人身安全、危险性较大的海洋石油开采特种设备和矿山井下特种设备,必须按照国家有关规定,由专业生产单位生产,并经具有专业资质的检测、检验机构检测、检验合格,取得安全使用证或者安全标志,方可投入使用。检测、检验机构对检测、检验结果负责。

(7)生产经营单位不得使用应当淘汰的危及生产安全的工艺、设备。

(8)生产经营单位必须对安全设备进行经常性维护、保养,并定期检测,保证正常运转。维护、保养、检测应当作好记录,并由有关人员签字。

(9)生产经营单位生产、经营、运输、储存、使用危险物品或者处置废弃危险物品,必须执行有关法律、法规和国家标准或者行业标准,建立专门的安全管理制度,采取可靠的安全措施,接受有关主管部门依法实施的监督管理。

(10)生产经营单位对重特大危险源应当登记建档,进行定期检测、评估、监控,并制定应急预案,告知从业人员和相关人员在紧急情况下应当采取的应急措施。生产经营单位应当按照国家有关规定，将本单位重特大危险源及有关安全措施、应急措施报有关地方人民政府负责安全生产监督管理的部门和有关部门备案。

（11）生产经营单位应当建立健全生产安全事故隐患排查治理制度，采取技术、管理措施，及时发现并消除事故隐患。事故隐患排查治理情况应当如实记录，并向从业人员通报。

（12）生产经营单位应当教育和督促从业人员严格执行本单位的安全生产规章制度和安全操作规程，并向从业人员如实告知作业场所和工作岗位存在的危险因素、防范措施以及事故应急措施。

（13）生产经营单位必须为从业人员提供符合国家标准或者行业标准的劳动防护用品，并监督、教育从业人员按照使用规则佩戴、使用。

（14）生产经营单位的安全生产管理人员应当根据本单位的生产经营特点，对安全生产状况进行经常性检查；对检查中发现的安全问题，应当立即处理；不能处理的，应当及时报告本单位有关负责人，有关负责人应当及时处理。检查及处理情况应当如实记录在案。

生产经营单位的安全生产管理人员在检查中发现重特大事故隐患，依照前款规定向本单位有关负责人报告，有关负责人不及时处理的，安全生产管理人员可以向主管的负有安全生产监督管理职责的部门报告，接到报告的部门应当依法及时处理。

（15）生产经营单位应当安排用于配备劳动防护用品、进行安全生产培训的经费。

（16）两个以上生产经营单位在同一作业区域内进行生产经营活动，可能危及对方生产安全的，应当签订安全生产管理协议，明确各自的安全生产管理职责和应当采取的安全措施，并指定专职安全生产管理人员进行安全检查与协调。

（17）生产经营单位不得将生产经营项目、场所、设备发包或者出租给不具备安全生产条件或者相应资质的单位或者个人。生产经营项目、场所发包或者出租给其他单位的，生产经营单位应当与承包单位、承租单位签订专门的安全生产管理协议，或者在承包合同、租赁合同中约定各自的安全生产管理职责；生产经营单位对承包单位、承租单位的安全生产工作统一协调、管理,定期进行安全检查,发现安全问题的,应当及时督促整改。

(18)生产经营单位发生重特大生产安全事故时,单位的主要负责人应当立即组织抢救,并不得在事故调查处理期间擅离职守。

(19)生产经营单位不得因从业人员对本单位安全生产工作提出批评、检举、控告或者拒绝违章指挥、强令冒险作业而降低其工资、福利等待遇或者解除与其订立的劳动合同。

(20)生产经营单位不得因从业人员在紧急情况下停止作业或者采取紧急撤离措施而降低其工资、福利等待遇或者解除与其订立的劳动合同。

(21)生产经营单位对负有安全生产监督管理职责的部门的监督检查人员(以下统称安全生产监督检查人员)依法履行监督检查职责,应当予以配合,不得拒绝、阻挠。

(22)生产经营单位应当制定本单位生产安全事故应急救援预案,与所在地县级以上地方人民政府组织制定的生产安全事故应急救援预案相衔接,并定期组织演练。

(23)危险物品的生产、经营、储存、运输单位以及矿山、金属冶炼、城市轨道交通运营、建筑施工单位应当建立应急救援组织;生产经营规模较小的,可以不建立应急救援组织,但应当指定兼职的应急救援人员。

危险物品的生产、经营、储存、运输单位以及矿山、金属冶炼、城市轨道交通运营、建筑施工单位应当配备必要的应急救援器材、设备和物资,并进行经常性维护、保养,保证正常运转。

(24)生产经营单位发生生产安全事故后,事故现场有关人员应当立即报告本单位负责人。单位负责人接到事故报告后,应当迅速采取有效措施,组织抢救,防止事故扩大,减少人员伤亡和财产损失,并按照国家有关规定立即如实报告当地负有安全生产监督管理职责的部门,不得隐瞒不报、谎报或者拖延不报,不得故意破坏事故现场、毁灭有关证据。

(25)事故发生单位应当及时全面落实整改措施,负有安全生产监督管理职责的部门应当加强监督检查。

(26)生产经营单位不得阻挠和干涉对事故的依法调查处理。

(27)其他情形。

二是道路交通生产经营单位的主要负责人的义务。

道路交通生产经营单位的主要负责人对本单位安全生产工作负有下列职责：①建立、健全本单位安全生产责任制；②组织制定本单位安全生产规章制度和操作规程；③组织制定并实施本单位安全生产教育和培训计划；④保证本单位安全生产投入的有效实施；⑤督促、检查本单位的安全生产工作，及时消除生产安全事故隐患；⑥组织制定并实施本单位的生产安全事故应急救援预案；⑦及时、如实报告生产安全事故。

三是道路交通生产经营单位的安全生产管理机构以及安全生产管理人员的职责与义务。

生产经营单位的安全生产管理机构以及安全生产管理人员负有下列职责：①组织或者参与拟订本单位安全生产规章制度、操作规程和生产安全事故应急救援预案；②组织或者参与本单位安全生产教育和培训，如实记录安全生产教育和培训情况；③督促落实本单位重特大危险源的安全管理措施；④组织或者参与本单位应急救援演练；⑤检查本单位的安全生产状况，及时排查生产安全事故隐患，提出改进安全生产管理的建议；⑥制止和纠正违章指挥、强令冒险作业、违反操作规程的行为；⑦督促落实本单位安全生产整改措施。

道路交通相关生产经营单位的主要负责人和安全生产管理人员必须具备与本单位所从事的生产经营活动相应的安全生产知识和管理能力。道路运输单位的主要负责人和安全生产管理人员，应当由主管的负有安全生产监督管理职责的部门对其安全生产知识和管理能力考核合格。该考核不得收费。

实践中，追究事故企业责任的主要依据是事故企业的企业安全生产责任制不落实，安全管理制度不健全，等等。主要表现在：安全管理规章制度缺失，安全责任制不落实，安全管理混乱，未按规定设立安全管理机构和配备专职安全管理人员，违规承包租赁车辆、车辆未经例检即签发路单、驾驶员安全培训教育制度缺失，对车辆违规超速行为未实施有效的动态监控，处罚规定不落实，对大客车动态监控终端不在线的问题没有及时提醒当班驾驶员，下属企业安全生产工作监督管理不力，违法违规从事生产经营活动等等。比如,《沪昆高速湖南邵阳段"7·19"特别重大道路交通危化品爆燃事故调查报告》对相关涉事企业责任事由的认定,就体现了这种精神。

3.2.1 刑事责任

企业及相关管理主体实施的行为造成道路交通事故,依法构成犯罪的,应当负刑事责任。根据《刑法》第三十一条的规定,单位犯罪的,对单位判处罚金,并对其直接负责的主管人员和其他直接责任人员判处刑罚。就道路交通事故而言,实践中经常涉及的企业及其直接负责的责任人员的刑事罪名主要有:交通肇事罪,重大责任事故罪,强令、组织他人违章冒险作业罪,危险作业罪,重大劳动安全事故罪,危险物品肇事罪,提供虚假证明文件罪,非法经营罪,生产、销售伪劣产品罪,出具证明文件重大失实罪,伪造、变造、买卖国家机关公文、证件、印章罪等等。

3.2.1.1 交通肇事罪

《刑法》第一百三十三条规定:"违反交通运输管理法规,因而发生重大事故,致人重伤、死亡或者使公私财产遭受重大损失的,处三年以下有期徒刑或者拘役;交通运输肇事后逃逸或者有其他特别恶劣情节的,处三年以上七年以下有期徒刑;因逃逸致人死亡的,处七年以上有期徒刑。"

本罪的构成要件是:本罪侵犯的客体是交通运输的安全;本罪在客观方面表现为,在交通运输活动中违反交通运输管理法规,因而发生重大事故,致人重伤、死亡或者使公私财产遭受重大损失的行为;本罪的主体为一般主体,即凡年满16周岁,具有刑事责任能力的自然人;本罪的主观方面是过失,包括疏忽大意的过失和过于自信的过失。

本罪的立案标准是:根据《最高人民法院关于审理交通肇事刑事案件具体应用法律若干问题的解释》第二条第一款规定,交通肇事具有下列情形之一的,处三年以下有期徒刑或者拘役:①死亡一人或者重伤三人以上,负事故全部或者主要责任的;②死亡三人以上,负事故同等责任的;③造成公共财产或者他人财产直接损失,负事故全部或者主要责任,无能力赔偿数额在三十万元以上的。

此外,该条第二款同时规定,交通肇事致一人以上重伤,负事故全部或者主要

道路交通事故深度调查**实务指引**

责任,并具有下列情形之一的,以交通肇事罪定罪处罚:①酒后、吸食毒品后驾驶机动车辆的;②无驾驶资格驾驶机动车辆的;③明知是安全装置不全或者安全机件失灵的机动车辆而驾驶的;④明知是无牌证或者已报废的机动车辆而驾驶的;⑤严重超载驾驶的;⑥为逃避法律追究逃离事故现场的。

本罪的认定:第一,罪与非罪的界限。行为人虽然违反了交通管理法规,但未造成重大交通事故的,或者行为人的违法行为与重大交通事故之间不存在刑法意义上的因果关系,不负主要或者同等责任的,不应认定为交通肇事罪。第二,此罪与彼罪的区分。实践中,对于行为人利用交通工具冲撞特定人员,故意剥夺他人生命或者有意损害他人健康的,应当认定为故意杀人罪或者故意伤害罪;行为人在交通肇事后为逃避法律追究,将被害人带离事故现场后隐藏或者遗弃,致使被害人无法得到救助而死亡或者严重残疾的,以故意杀人罪或者故意伤害罪定罪处罚;在公共交通管理的范围外,驾驶机动车辆或者使用其他交通工具致人伤亡或者致使公共财产或者他人财产遭受重大损失,构成犯罪的,分别按照重大责任事故罪、重大劳动安全事故罪或者过失致人死亡罪定罪处罚。第三,"交通肇事后逃逸"的认定。《刑法》第一百三十三条规定,交通运输肇事后逃逸或者有其他特别恶劣情节的,处三年以上七年以下有期徒刑。根据《最高人民法院关于审理交通肇事刑事案件具体应用法律若干问题的解释》第三条规定,"交通肇事后逃逸"是指发生交通事故后,肇事者为逃避法律追究,不履行保护现场、积极抢救、迅速报案等义务,而逃跑的行为。"交通肇事后逃逸"的成立应同时具备以下方面要件:一是行为人的交通肇事行为已经构成交通肇事罪的基本犯;二是行为人明知自己造成了交通事故;三是行为人具有逃避法律追究的主观目的;四是行为人客观上实施了逃离现场的行为;五是行为人不同时具备"积极履行救助义务"和"立即投案"的行为特征。第四,"因逃逸致人死亡"的认定。《刑法》第一百三十三条规定,因逃逸致人死亡的,处七年以上有期徒刑。根据《最高人民法院关于审理交通肇事刑事案件具体应用法律若干问题的解释》第五条规定,"因逃逸致人死亡"是指行为人在交通肇事后为逃避法律追究而逃跑,致使被害人因得不到救助而死亡的情形。交通肇事后,单位主管人员、机动车辆所有人、承包人或者乘车人指使肇事人逃逸,致使被害人因得不到救助而死亡的,以交通肇事罪的共犯论处。

3 道路交通事故深度调查的法律责任认定及相关结果运用

> **典型案例：安徽省颍上县人民检察院诉龚某某交通肇事案**
>
> 2014年6月10日15时许，被告人龚某某超速驾驶皖K＊＊＊＊号白色江淮牌货车沿颍上县X041线由西向东行驶至赛涧乡张楼村唐庄十字路口时，与被害人张某某无证驾驶的由南向北行驶的皖KG＊＊＊＊号铃木牌两轮摩托车发生碰撞，事故致两车受损，张某某当场死亡。事故发生后，龚某某电话报警至122报警台，随后弃车离开案发现场。当日21时50分，龚某某主动到颍上县公安局交管大队投案，到案后如实供述了犯罪事实。经法医鉴定：张某某因车祸致严重颅脑损伤死亡。经颍上县公安局交管大队道路交通事故责任认定书认定，龚某某驾车行驶速度超过事发路段最高限速，且在事故发生后弃车离开现场，其行为违反了《道路交通安全法》第七十条第一款、《道路交通安全法实施条例》第四十五条第二款规定，是造成该起交通事故的直接原因，承担事故主要责任；张某某无证驾驶机动车、过路口没有确保安全且未让右方来车先行，其行为违反了《道路交通安全法》第十九条第一款、《道路交通安全法实施条例》第五十二条第二项规定，是造成该起交通事故的间接原因，承担事故次要责任。后经调解，龚某某与被害人张某某近亲属达成和解协议，龚某某赔偿被害人张某某近亲属各项经济损失共计人民币32.6万元，获得被害人张某某近亲属谅解。

法院经审理认为，根据《刑法》第一百三十三条、《最高人民法院关于审理交通肇事刑事案件具体应用法律若干问题的解释》第二条第二款的规定，交通肇事致一人死亡的，需同时具备负事故全责或者主要责任，行为人才能构成交通肇事罪。就本案而言，公安交管部门根据龚某某驾驶机动车超速行驶并且在事故发生后弃车离开现场认定其对事故负主要责任，即龚某某弃车离开现场的行为是其行为构成交通肇事罪的构成要件。因此，适用《最高人民法院关于审理交通肇事刑事案件具体应用法律若干问题的解释》第三条的规定，认定龚某某行为构成交通肇事罪，且系交通肇事后逃逸，是对其逃逸行为重复评价。综上，依照《刑法》第一百三十三条、第六十七条第一款、第七十二条第一款及《最高人民法院关于审理交通肇事刑事案件具体应用法律若干问题的解释》第二条第一款第一项等规定，判决龚某某犯交通肇事罪,判处有期徒刑一年,缓刑二年❶。

3.2.1.2 重大责任事故罪

《刑法》一百三十四条第一款规定:"在生产、作业中违反有关安全管理的规定,因而发生重大伤亡事故或者造成其他严重后果的,处三年以下有期徒刑或者拘役;情节特别恶劣的,处三年以上七年以下有期徒刑。"

本罪的构成要件是:本罪侵犯的客体是生产、作业的安全,即从事生产、作业的不特定或者多数人的生命、健康的安全和重大公私财产的安全。本罪在客观方面表现为,在生产、作业中,违反有关安全管理的规定,因而发生重大伤亡事故或者造成其他严重后果的行为。具体包括3个构成要素:第一,行为人必须违反有关安全管理的规定。安全管理规定包括国家颁发的各种有关安全生产、作业的法律法规的明文规定,企业、事业单位及其上级主管部门所制定的有关安全生产、作业的法律法规的明文规定或公认的在企业、事业单位中通行的行之有效的正确的操作习惯或惯例等。第二,违反有关安全管理规定的行为必须与生产、作业有直接联系。这里的"生产、作业"包括制造业、采矿业、建筑业、修理业、运输业、加工业等多种行业。第三,必须因违反有关安全管理规定的行为导致重大伤亡事故或者其他严重后果,即违反有关安全管理规定的行为与发生的重大伤亡事故或者其他严重后果之间具有刑法意义上的因果关系。本罪的主体为一般主体,根据《最高人民法院、最高人民检察院关于办理危害生产安全刑事案件适用法律若干问题的解释》第一条规定,包括对生产、作业负有组织、指挥或者管理职责的负责人、管理人员、实际控制人、投资人等人员,以及直接从事生产、作业的人员。本罪的主观方面是过失,包括疏忽大意的过失和过于自信的过失。

本罪的立案标准是:根据《最高人民检察院、公安部关于公安机关管辖的刑事案件立案追诉标准的规定(一)》第八条规定,在生产、作业中违反有关安全管理的规定,涉嫌下列情形之一的,应予立案追诉:①造成死亡一人以上,或者重伤三人以上;②造成直接经济损失五十万元以上的;③发生矿山生产安全事故,造成直接经

---

❶ 参见安徽省颍上县人民检察院诉龚某某交通肇事案,载最高人民法院网站,http://gongbao.court.gov.cn/Details/cb500758d3e43eb9745e1fc9569db9.html。

济损失一百万元以上的;④其他造成严重后果的情形。值得注意的是,最高人民法院、最高人民检察院于 2015 年联合发布实施的《关于办理危害生产安全刑事案件适用法律若干问题的解释》对上述标准进行了调整。根据该解释第六条第一款规定,实施刑法一百三十四条第一款规定的行为,因而发生安全事故,具有下列情形之一的,应当认定为"发生重大伤亡事故或者造成其他严重后果",对相关责任人员,处三年以下有期徒刑或者拘役:①造成死亡一人以上,或者重伤三人以上的;②造成直接经济损失一百万元以上的;③其他造成严重后果或者重大安全事故的情形。

本罪的认定:第一,罪与非罪的界限。一方面,应考察行为人主观上是否存在过失以及是否有违反安全管理规定的行为。另一方面,应判断违反有关安全管理规定的行为是否造成重大伤亡事故或者其他严重后果。如果没有造成重大伤亡事故或者其他严重后果的,属于一般安全事故,应给予行政处罚或者批评教育。第二,此罪与彼罪的区分。对于在厂(矿)区内驾驶机动车辆作业期间发生的伤亡事故,应区分该区域是否属于公共交通管理的范畴,认定为重大责任事故罪或者交通肇事罪。根据《最高人民法院关于审理交通肇事刑事案件具体应用法律若干问题的解释》第八条规定,在实行公共交通管理的范围内发生重大交通事故的,依照交通肇事罪定罪处罚;在公共交通管理的范围外,驾驶机动车辆或者使用其他交通工具致人伤亡或者致使公共财产或者他人财产遭受重大损失,构成犯罪的,分别依照重大责任事故罪或其他犯罪定罪处罚。

典型案例:黄某、李某甲等犯重大责任事故案

2013 年 3 月 22 日 11 时 25 分许,驾驶人别某驾驶长期未进行制动系统维护致使制动性能下降的赣 L＊＊＊＊重型半挂牵引车(车后牵引赣 L＊＊＊＊挂重型普通半挂车,运载袋装水泥,该车核载 31 吨,实载 33.74 吨),沿厦蓉高速公路龙岩往漳州方向行驶至 B 道 109KM+524M 处,在长下坡过程中未按路面设置的交通警示标志的要求保持低档低速安全行驶,频繁刹车引起车制动系统过热失效,致其所驾货车失控并先后碰撞一轿车、一大型客车(内载 44 名乘客)和一货车,造成徐某利等 12 人死亡、王某等 34 人不同程度受伤、4 部车辆及高速公路路产不同程度损坏的重大交通事故。

上述肇事车辆赣L＊＊＊＊重型半挂牵引车(牵引赣L＊＊＊＊挂重型普通半挂车)的实际所有人为被告人黄某,驾驶员别某系受被告人黄某雇工,该肇事车辆于2013年1月24日、2月24日因超限被列入福建省高速公路信用不良车辆名单,被禁止驶入福建省高速公路,尚未解禁。2013年3月21日,被告人黄某指使陈某乙对肇事车辆超重装载货物,肇事时实载货物33.74吨。该肇事车辆于2012年9月26日挂靠江西省鹰潭市顺驰物流有限公司,每月须交纳挂靠费人民币400元,被告人李某某为鹰潭市顺驰物流有限公司的法定代表人、实际负责人。2012年9月27日至2013年3月22日间,该肇事车辆并未按规定进行二级维护,鹰潭市顺驰物流有限公司未通知被告人黄某对肇事车辆进行二级维护,被告人黄某也未主动联系对肇事车辆进行二级维护。2013年2月26日,被告人张某甲为该肇事车辆赣L＊＊＊＊挂重型普通半挂车更换第二轴左轮轮毂(即制动鼓)、刹车片(即制动片)等材料。

法院经审理认为,被告人黄某、李某某、张某某在生产、作业中违反有关安全管理规定,因而发生重大伤亡事故,造成死亡三人以上,其行为均已构成重大责任事故罪,情节特别恶劣。被告人黄某、李某某、张某某自动投案,如实供述犯罪事实,应认定为自首,依法可以从轻或者减轻处罚。被告人黄某及鹰潭市顺驰物流有限公司能向相关部门预交部分事故赔偿款,对被告人黄某、李某某可酌情从轻处罚。本案系多个原因行为导致事故的发生:①被告人黄某系肇事车辆的实际车主,其通过挂靠方式违规取得《道路运输证》在福建营运,对驾驶人安全管理教育及肇事车辆的二级维护保养制度未落实,在明知肇事车辆被禁入福建省高速公路时,仍继续营运上高速,并指使他人超重装载货物,导致事故发生。②被告人李某某系江西省鹰潭市顺驰物流有限公司的法定代表人、实际负责人。该公司违规挂靠经营,未按规定对肇事车辆进行二级维护,公司安全管理不到位,未能提供基本的安全保障条件,导致事故发生。③被告人张某某无照无证经营福州畅顺汽车修理厂,在未建立汽车维修安全管理制度,未获得二类维修经营业务许可的情况下,为肇事车辆更换材料,对事故中肇事车辆制动性能下降等问题的出现有一定的因果关系。本院综合考虑各被告人犯罪的事实、犯罪的性质、情节、对于社会的危害程度以及对引发事故所起作用的大小,依法判决被告人黄某犯重大责任事故罪,判处有期徒刑三年;被告人李某某犯重大责任事故罪,判处有期徒刑二年;被告人张某甲犯重大责任事故罪,判处有期徒刑一年,缓刑一年六个月❶。

3.2.1.3 强令、组织他人违章冒险作业罪

本罪原为强令违章冒险作业罪,《刑法修正案(十一)》将其扩充为强令、组织他人违章冒险作业罪。现行《刑法》第一百三十四条第二款规定:"强令他人违章冒险作业,或者明知存在重大事故隐患而不排除,仍冒险组织作业,因而发生重大伤亡事故或者造成其他严重后果的,处五年以下有期徒刑或者拘役;情节特别恶劣的,处五年以上有期徒刑。"

本罪的构成要件是:本罪侵犯的客体是生产、作业安全,即从事生产、作业的不特定或者多数人的生命、健康安全或者重大公私财产安全。本罪在客观方面表现为,强令他人违章冒险作业,或者明知存在重大事故隐患而不排除,仍然组织他人违章冒险作业,因而发生重大伤亡事故或者造成其他严重后果的行为。其中,"强令他人违章冒险作业"是指那些负有生产、作业指挥和管理职责的人员,为了获取高额利润,明知存在安全生产隐患,或者为了获得高额利润,采取违反安全管理规定的行为,在生产、作业人员拒绝的情况下,利用职权或者其他强制手段强令工人冒险作业,因而发生重大伤亡事故或者造成其他严重后果的行为。这里的"强令"不一定表现为恶劣的态度、强硬的语言或者行动,只要是利用组织、指挥、管理职权,能够对工人产生精神强制、使其不敢违抗命令,不得不违章冒险作业的,均可构成"强令"。最高人民法院、最高人民检察院于2015年联合发布实施的《关于办理危害生产安全刑事案件适用法律若干问题的解释》第五条对"强令他人违章冒险作业"的情形进行了细化,即明知存在事故隐患,继续作业存在危险,仍然违反有关安全管理的规定,实施下列行为之一的,应当认定为《刑法》第一百三十四条第二款规定的"强令他人违章冒险作业":一是利用组织、指挥、管理职权,强制他人违

---

❶ 参见福建省漳州市中级人民法院刑事裁定书,(2014)漳刑终字第252号,载中国裁判文书网 https://wenshu.court.gov.cn/website/wenshu/181107ANFZ0BXSK4/index.html? docId = bAZf-pvWzdq2Ufiar0FSErePP4tc33+xQJ9xgYbXN1VpjL4BWhxkrmfUKq3u+IEo4EHTkoUUVzhuGXI+9llIO/Sl+dqAnbuBscmTXZtPih6rl4pbcT8ZkLq+wKOSB1bgj。

章作业的;二是采取威逼、胁迫、恐吓等手段,强制他人违章作业的;三是故意掩盖事故隐患,组织他人违章作业的;四是其他强令他人违章作业的行为。冒险组织作业是《刑法修正案(十一)》新增设的行为方式,即"明知存在重大事故隐患而不排除,仍冒险组织作业"。《安全生产法》第一百一十三条第二款规定:"国务院安全生产监督管理部门和其他负有安全生产监督管理职责的部门应当根据各自的职责分工,制定相关行业、领域重大事故隐患的判定标准。"据此,本条中规定的"重大事故隐患"应当按照法律、行政法规或者安全生产监督管理部门发布的有关国家、行业标准确定;"明知"指行为人在主观上对事故隐患的存在可能导致的危害后果虽然不是积极追求,但存在鲁莽、轻率心态;"不排除"是指对重大隐患不采取有效措施予以排除危险;"仍冒险组织作业"是指明知具有重大事故隐患未排除,仍然组织冒险作业,如已发现事故苗头却不听劝阻、一意孤行,拒不采纳工人和技术人员意见,导致事故发生的,或者通过恶劣手段掩盖安全生产隐患,蒙骗工人作业,在出现险情的情况下仍然继续生产、作业或者指挥工人生产、作业等。本罪的主体为一般主体,根据《最高人民法院、最高人民检察院关于办理危害生产安全刑事案件适用法律若干问题的解释》第二条规定,包括对生产、作业负有组织、指挥或者管理职责的负责人、管理人员、实际控制人、投资人等人员。本罪的主观方面是过失,即行为人对发生的重大伤亡事故或者造成的其他严重后果存在过失心理。

本罪的立案标准是:《最高人民检察院、公安部关于公安机关管辖的刑事案件立案追诉标准的规定(一)》第九条对《刑法》原第一百三十四条第二款规定的强令违章冒险作业罪的立案标准进行了明确,即强令他人违章冒险作业,涉嫌下列情形之一的,应予立案追诉:①造成死亡一人以上,或者重伤三人以上;②造成直接经济损失五十万元以上的;③发生矿山生产安全事故,造成直接经济损失一百万元以上的;④其他造成严重后果的情形。《最高人民法院、最高人民检察院关于办理危害生产安全刑事案件适用法律若干问题的解释》第六条第二款对上述标准进行了调整,即实施刑法第一百三十四条第二款规定的行为,因而发生安全事故,具有下列情形之一的,应当认定为"发生重大伤亡事故或者造成其他严重后果",对相关责任人员,处五年以下有期徒刑或者拘役:①造成死亡一人以上,或者重伤三人以上的;②造成直接经济损失一百万元以上的;③其他造成严重后果或者重大安全事故的情形。

本罪的认定：实践中，机动车所有人、承包人、管理人或者运输企业中负有安全监督管理职责的人员强令他人违章驾驶造成致人伤亡的道路交通事故的，存在交通肇事罪与本罪的竞合。对此，公安交管部门经调查取证确认，上述人员在驾驶人驾车行驶过程中实施指使、强令违章驾驶并因此导致重大交通事故的，根据《刑法》第一百三十三条及《最高人民法院关于审理交通肇事刑事案件具体应用法律若干问题的解释》第七条规定❶，按照交通肇事罪立案侦查；如果上述人员在日常工作中即发现车辆存在重大事故隐患，但为了短期利益对此置之不理，客观上又实施了强令驾驶人违章冒险运输或者冒险组织运输的行为，并因此导致人员伤亡的道路交通事故发生的，应当按照本罪立案侦查。

3.2.1.4 危险作业罪

根据《刑法修正案（十一）》第四条规定，在1997年《刑法》第一百三十四条后增设危险作业罪，作为第一百三十四条之一。该条规定："在生产、作业中违反有关安全管理的规定，有下列情形之一，具有发生重大伤亡事故或者其他严重后果的现实危险的，处一年以下有期徒刑、拘役或者管制：（一）关闭、破坏直接关系生产安全的监控、报警、防护、救生设备、设施，或者篡改、隐瞒、销毁其相关数据、信息的；（二）因存在重大事故隐患被依法责令停产停业、停止施工、停止使用有关设备、设施、场所或者立即采取排除危险的整改措施，而拒不执行的；（三）涉及安全生产的事项未经依法批准或者许可，擅自从事矿山开采、金属冶炼、建筑施工，以及危险物品生产、经营、储存等高度危险的生产作业活动的。"

本罪的构成要件是：本罪侵犯的客体是生产、作业安全，即从事生产、作业的不特定或者多数人的生命、健康安全或者重大公私财产安全。本罪在客观方面表现为，在生产、作业中违反有关安全管理的规定，具有发生重大伤亡事故或者其他严重后果的现实危险的行为。具体行为方式包括以下三种：①关闭、破坏直接关系生产安全的监控、报警、防护、救生设备、设施，或者篡改、隐瞒、销毁其相关数据、信息的。该项针对的是生产、作业中已经发现危险，但故意关闭、破坏报警、监控设备，

---

❶《最高人民法院关于审理交通肇事刑事案件具体应用法律若干问题的解释》第七条规定："单位主管人员、机动车辆所有人或者机动车辆承包人指使、强令他人违章驾驶造成重大交通事故，具有本解释第二条规定情形之一的，以交通肇事罪定罪处罚。"

或者修改设备阈值,破坏检测设备正常工作条件,使有关监控、监测设备不能正常工作,而继续冒险作业,逃避监管的行为。关闭、破坏的"设备、设施"应当属于"直接关系生产安全的"设备设施,如果关闭、破坏与安全生产事故发生不具有直接因果关系的设备、设施,不能认定为本项犯罪。②因存在重大事故隐患被依法责令停产停业、停止施工、停止使用有关设备、设施、场所或者立即采取排除危险的整改措施,而拒不执行的。本项是危险作业罪的核心条款。本条第一项和第三项规定的行为均是具体、明确的,入罪情形清晰、打击范围固定。在立法过程中,为了解决实践中安全生产违法违规情形复杂而无法穷尽全部行为方式的问题,同时避免设置兜底条款导致实践操作困难、打击范围过大的缺陷,立法机关在本项并未对违反安全生产管理规定的行为作具体限定,以便涵盖生产、作业过程中各类违反规定并存在重大安全隐患的行为。此外,为了合理控制处罚范围,本项在设置构罪标准时,将行政监管部门责令整改、行为人拒不执行作为刑事处罚的前置条件,在给予行政监管部门强有力的刑罚手段的同时,也督促行政监管部门履职尽责。③涉及安全生产的事项未经依法批准或者许可,擅自从事矿山开采、金属冶炼、建筑施工,以及危险物品生产、经营、储存等高度危险的生产作业活动的。本项规定的是安全生产的事项未经批准擅自生产经营的行为,针对的行业是具有高度危险性的安全生产领域,在安全监管方面实行严格的批准或者许可制度。一般的安全生产行业、领域有关事项未经安全监管部门批准,不构成本罪。此外,需要指出的是,除符合上述行为方式外,本罪的成立还应满足"具有发生重大伤亡事故或者其他严重后果的现实危险的"要件。其中,"现实危险"主要是指,已经出现了重大险情,或者出现了非致人伤亡或严重财产损失的轻微事故,虽然最终没有发生严重危害后果,但这种没有发生的原因,有的是因为被及时制止了,有的是因为开展了有效救援,有的完全是偶然性的客观原因而未发生,此种"千钧一发"的危险才属于本罪规定的"具有发生现实危险"。具体判断标准有待司法解释的出台予以明确。本罪的主体为一般主体,既包括对生产、作业负有组织、指挥或者管理职责的负责人、管理人员、实际控制人、投资人等人员,又包括直接从事生产、作业的人员。

本罪的主观方面是过失,即行为人对具有发生的重大伤亡事故或者造成其他严重后果的现实危险存在过失心理。

本罪的认定：实践中，公安交管部门在执法特别是开展道路交通事故深度调查的过程中，一方面应转变以往仅对发生致人死伤的道路交通事故开展溯源性调查、进行法律责任追究的工作思路，更加关注运输企业或者车辆管理人、所有人在日常生产经营过程中有无本罪规定的危险运输的情形，以期通过强化日常监管实现道路交通事故预防的目的；另一方面，在认定本罪时，应妥善把握好罪与非罪的界限，不能仅因为运输企业或者车辆存在重大事故隐患就予以刑事立案，而应根据重大安全隐患的具体情况、是否经责令改正而拒不执行、是否属于具有"现实危险"的行为进行综合判断。

3.2.1.5 重大劳动安全事故罪

《刑法》第一百三十五条规定："安全生产设施或者安全生产条件不符合国家规定，因而发生重大伤亡事故或者造成其他严重后果的，对直接负责的主管人员和其他直接责任人员，处三年以下有期徒刑或者拘役；情节特别恶劣的，处三年以上七年以下有期徒刑。"

本罪的构成要件是：本罪侵犯的客体是生产、作业场所的人身与财产安全。本罪在客观方面表现为，安全生产设施或者安全生产条件不符合国家规定，因而发生重大伤亡事故或者造成其他严重后果的行为。具体包括两方面构成要素：①安全生产设施或者安全生产条件不符合国家规定。安全生产设施，是依照规定配备的用于保护劳动者人身安全和健康、符合相关国家规定和技术标准的各种设施、设备以及用品；安全生产条件是指生产经营单位在安全生产过程中提供的设备、设施、场所、环节等方面的条件。安全生产设施或者安全生产条件不符合国家规定既包括没有安全生产设施或者不具有安全生产条件，也包括虽然装备安全生产设施或者具有一定的安全生产条件，但没有达到国家规定的要求两种情形。②由于安全生产设施或者安全生产条件不符合国家规定因而发生重大伤亡事故或者造成其他严重后果。根据《最高人民法院、最高人民检察院关于办理危害生产安全刑事案件适用法律若干问题的解释》第三条规定，本罪的主体为对安全生产设施或者安全生产条件不符合国家规定负有直接责任的生产经营单位负责人、管理人员、实际控制人、投资人，以及其他对安全生产设施或者安全生产条件负有管理、维护职责的人员。本罪的主观方面为过失，即行为人对发生的重大伤亡事故或者造成的其他严重后果应当预见,由于疏忽大意没有预见或者虽然已经预见但轻信能够避免的心理态度。至于行为人对于安全生产设施或者安全生产条件不符合国家规定而没有采取措施的情况,则既可以是故意,也可以是过失。

本罪的立案标准是:根据《最高人民检察院、公安部关于公安机关管辖的刑事案件立案追诉标准的规定(一)》第十条规定,安全生产设施或者安全生产条件不符合国家规定,涉嫌下列情形之一的,应予立案追诉:①造成死亡一人以上,或者重伤三人以上;②造成直接经济损失五十万元以上的;③发生矿山生产安全事故,造成直接经济损失一百万元以上的;④其他造成严重后果的情形。《最高人民法院、最高人民检察院关于办理危害生产安全刑事案件适用法律若干问题的解释》对上述标准进行了调整。根据该解释第六条第一款规定,实施刑法第一百三十五条规定的行为,因而发生安全事故,具有下列情形之一的,应当认定为"发生重大伤亡事故或者造成其他严重后果",对相关责任人员,处三年以下有期徒刑或者拘役:①造成死亡一人以上,或者重伤三人以上的;②造成直接经济损失一百万元以上的;③其他造成严重后果或者重大安全事故的情形。

本罪的认定:实践中,应当注意将本罪与重大责任事故罪区分开来。由于二罪的法定刑完全一致,并无轻重之分,因此,当重大劳动安全事故罪与重大责任事故罪在客观方面和主体均出现竞合时,根据生产安全事故发生的原因来确定罪名是较为妥当的。具体而言,如果生产安全事故完全是由于安全生产设施或者安全生产条件不符合国家规定的情况下进行生产、作业引发的,应当以重大劳动安全事故罪定罪量刑。如果在安全生产设施或者安全生产条件不符合国家规定的情况下,在生产、作业中又违反具体的安全管理规定,因而发生重大伤亡事故或者造成其他严重后果的,当二罪中的某一罪的情节明显重于另一罪时,应按情节较重的罪名定罪量刑;当二罪的情节基本相当时,一般认定重大劳动安全事故罪较为适宜,可以将在生产、作业中违反安全管理规定的行为作为从重处罚情节。

> **典型案例:刘某某、罗某某重大劳动安全事故、重大责任事故案**
>
> 刘某某原系深圳市某环保科技有限公司董事长兼总经理,罗某某原系该公司福田区沙头街道片区环卫小组组长。2017年11月26日4时27分许,罗某某通

过电话安排其下属正在进行环卫清扫工作的员工梁某某、程某某、赵某某到深圳市福田区机动车道上清扫。当清扫至4时55分许时,遇傅某某驾驶的粤B＊＊＊＊＊号轻型封闭货车,该车车头右侧与正在该路段机动车道上进行环卫作业的梁某某发生碰撞,造成梁某某被撞至从立交桥顶跌落到桥底后当场死亡、粤B＊＊＊＊＊号轻型封闭货车部分损坏的道路交通事故。深圳市公安交管部门认定,深圳市某环保科技有限公司违反规定在道路上人工养护时,未按照规定设置规范的安全警示标志和安全防护设施,是此次事故发生的主要原因;傅某某驾驶机动车未注意观察前方道路情况,是此次事故发生的另一方面原因;梁某某无过错。根据《道路交通事故处理程序规定》第四十六条第一款第二项规定,认定深圳市某环保科技有限公司承担此次事故的主要责任,傅某某承担事故的次要责任,梁某某无责任。

在导致梁某某死亡的事故中,深圳市某环保科技有限公司存在以下问题:①未按照其与深圳市福田区福田街道办事处、沙头街道办事处签订的服务合同规定投入应有的人员及设备进行生产作业。②深圳市某环保科技有限公司是超过1000名员工的生产企业,没有设置安全生产监督机构和安全生产管理人员。③《安全生产管理制度》没有制定的日期,并且不是环卫作业的安全生产管理制度。④没有实地对员工进行安全培训,没有现场指导员工如何在工作中进行安全防护。⑤为了掩盖自身员工不足的情况,安排出勤的员工1个人带多个人的定位器。

法院经审理认为,深圳市某环保科技有限公司作为死者环卫工人梁某某所在的生产经营单位,应当为劳动者提供符合国家规定的安全生产设施和安全生产条件,保障劳动者的生命、健康、安全。然而,该公司的安全生产设施和安全生产条件却均存在不符合国家规定的情况,因而发生了致一人死亡的重大伤亡事故,被告人刘某某作为该公司的实际出资人和实际管理者,系劳动安全直接负责的主管人员,其行为已构成重大劳动安全事故罪,应依法予以惩罚;被告人罗某某作为深圳市某环保科技有限公司对环卫作业具有指挥、管理职责的人员,在作业过程中,违反环卫作业的有关安全管理规定,作出不符合安全作业要求的工作安排,因而直接导致发生一人死亡的重大安全事故,其行为已构成重大责任事故罪,应依法予以惩罚。

综上，根据被告人刘某某、罗某某的犯罪情节、社会危害性及认罪悔罪态度，依照《刑法》第一百三十四条第一款、第一百三十五条等规定，判决被告人刘某某犯重大劳动安全事故罪，判处有期徒刑一年二个月；被告人罗某某犯重大责任事故罪，判处有期徒刑一年。❶

3.2.1.6 危险物品肇事罪

《刑法》第一百三十六条规定："违反爆炸性、易燃性、放射性、毒害性、腐蚀性物品的管理规定，在生产、储存、运输、使用中发生重大事故，造成严重后果的，处三年以下有期徒刑或者拘役；后果特别严重的，处三年以上七年以下有期徒刑。"

本罪的构成要件是：本罪侵犯的客体是危险物品在生产、储存、运输、使用中的安全，即公共安全。本罪在客观方面表现为，违反危险物品的管理规定，在生产、储存、运输、使用中发生重大事故，造成严重后果的行为。违规行为与严重后果之间应当具有因果关系。本罪的主体主要是从事生产、保管、运输、使用危险物品的职工，但其他人也可以构成本罪。本罪的主观方面是过失，这是针对所造成的重大事故后果的心理态度而言，行为人对于违反规章制度往往是明知故犯。

本案的立案标准是：根据《最高人民检察院、公安部关于公安机关管辖的刑事案件立案追诉标准的规定（一）》第十二条规定，违反爆炸性、易燃性、放射性、毒害性、腐蚀性物品的管理规定，在生产、储存、运输、使用中发生重大事故，涉嫌下列情形之一的，应予立案追诉：①造成死亡一人以上，或者重伤三人以上的；②造成直接经济损失五十万元以上的；③其他造成严重后果的情形。《最高人民法院、最高人民检察院关于办理危害生产安全刑事案件适用法律若干问题的解释》对上述标准进行了调整。根据该解释第六条第一款规定，实施刑法第一百三十六条规定的行为，因而发生安全事故，具有下列情形之一的，应当认定为"造成严重后果"，对相关责任人员，处三年以下有期徒刑或者拘役：①造成死亡一人以上，或者重伤三人以上的；②造成直接经济损失一百万元以上的；③其他造成严重后果或者重大安全事故的情形。

---

❶参见广东省深圳市福田区人民法院刑事判决书，(2018)粤 0304 刑初 1221 号，载中国裁判文书网，https://wenshu.court.gov.cn/website/wenshu/181107ANFZ0BXSK4/index.html? docId = j92DiLDzw1ow+wXyteb+j++wvEFFJVL0++z59fvRoVDIVN/bc2EOGfUKq3u+IEo4EHTkoUUVzhuGXI+9llIO/Sl+dqAnbuBscmTXZtPih6q3IfFep2BNmO6DTPR5bsEm。

本罪的认定:在本罪的认定中,应注意其与《刑法》第一百二十五条第二款规定的非法运输危险物质罪之间的区别。虽然二者均属于危害公共安全犯罪,但本罪的法定刑却明显轻于非法运输危险物质罪。二罪的区别主要在于:一方面,从客观方面来看,非法运输危险物质罪的危险物质应当是非法制造或者生产的,而危险物品肇事罪中运输的危险物品则是合法生产或制造的;另一方面,从主观方面来看,非法运输危险物质罪的主观方面表现为故意,行为人明确知晓属于非法制造或者买卖的危险物质却仍然运输,而危险物品肇事罪在主观方面则为过失,即行为人对违反危险物品管理规定的行为所造成的危害结果具有疏忽大意或者过自信的主观心理态度。

典型案例:康某某、王某危险物品肇事案

某某公司因不具备运输危险品资质,与济宁某某化学危险货物运输中心(以下简称某某中心)签订委托管理合同,将某某公司的危险品运输车辆和驾驶人员挂靠入户到科迪中心名下,但车辆和人员仍由远达公司经理＊＊国(另案处理,因危险物品肇事罪被判处有期徒刑六年)实际管理。2005年3月28日上午,受＊＊国指令,张某某安排雇佣的驾驶人康某某、王某驾驶鲁H＊＊＊＊＊号牵引车,牵引LJ＊＊＊＊号拖挂罐体车,去山东省临沂市某某化工有限公司(以下简称某某化工公司)拖运液氯。3月29日上午,某某化工公司销售二部经理刘某和公司副总经理朱某某(另案处理,因危险物品肇事罪各被判处有期徒刑三年零六个月)违反LJ＊＊＊＊号拖挂罐体车的核定载重量,批准为该车充装40.44吨液氯。当日约18时40分,该车左前轮轮胎突然爆裂,失控冲入对面上行车道,罐内液氯大量泄漏,造成大量群众中毒,其中29人因氯气中毒死亡,1万余名村民被迫疏散转移,数千头(只)家畜、家禽死亡,大面积农作物绝收或受损,大量树木、鱼塘和村民的食用粮、家用电器受污染、腐蚀,财产损失巨大。

淮安交警支队京沪高速公路大队对交通事故责任作如下认定:康某某驾驶机件不符合安全技术标准的车辆运输剧毒化学品且严重超载,导致左前轮爆胎、罐车侧翻、液氯泄漏,是造成此次特大事故的直接原因。王某作为驾驶人兼押运员,对运输剧毒化学品的车辆安全行驶负有重要监管职责,却纵容安全机件不符合技术标准且严重超载的剧毒化学危险品车辆上路行驶,是造成此次事故发生的又一直接原因。事故发生后,康某某、王某逃离现场,应共同负事故的全部责任。

淮安市中级人民法院经审理认为,根据《危险化学品安全管理条例》第三十五条第一款、第三十七条规定,被告人康某某、王某分别领取了危险货物运输从业资格证、道路危险货物运输操作证,证明二人了解道路运输液氯的安全知识,有从事道路运输液氯的专业资格,同时也证明在道路运输液氯的过程中,必要的应急处理器材和防护用品都随车配备。《道路交通安全法》第二十一条规定:"驾驶人驾驶机动车上道路行驶前,应当对机动车的安全技术性能进行认真检查;不得驾驶安全设施不全或者机件不符合技术标准等具有安全隐患的机动车。"第二十二条第一款规定:"机动车驾驶人应当遵守道路交通安全法律、法规的规定,按照操作规范安全驾驶、文明驾驶。"第三款规定:"任何人不得强迫、指使、纵容驾驶人违反道路交通安全法律、法规和机动车安全驾驶要求驾驶机动车。"《危险化学品安全管理条例》第四十三条第一款规定:"通过公路运输危险化学品,必须配备押运人员,并随时处于押运人员的监管之下,不得超装、超载,不得进入危险化学品运输车辆禁止通行的区域;确需进入禁止通行区域的,应当事先向当地公安部门报告,由公安部门为其指定行车时间和路线,运输车辆必须遵守公安部门规定的行车时间和路线。"根据查明的事实,LJ＊＊＊＊号拖挂罐体车严重超载;使用了多个应当报废的轮胎,以至在行驶中左前轮爆胎,方向失控,酿成交通事故。被告人明知其行为有可能引发危害公共安全的事故,却轻信能够避免,主观上存在重大过失。根据《道路交通安全法》第七十条和《危险化学品安全管理条例》第四十四条规定,发生交通事故后,车辆驾驶人有保护现场、抢救受伤人员、报警等义务,特别是剧毒化学品在公路运输途中发生被盗、丢失、流散、泄漏等情况时,承运人及押运人员必须立即向当地公安部门报告,并采取一切可能的警示措施。但康某某、王某在事故发生后迅速逃离现场,以致此次液氯泄漏在极短的时间内迅速演化为重大公共灾难事件。康某某、王某的行为,与本案的特别严重后果之间存在直接因果关系,应当对本案的特别严重后果承担责任。

综上所述,被告人康某某驾驶不符合安全标准的机动车超载运输剧毒危险化学品液氯,被告人王某不尽押运职责,纵容康某某实施上述违法行为,二人共同违反毒害性物品的管理规定,以致在运输中发生液氯泄漏的重大事故,其行为已触犯《刑法》第一百三十六条规定,构成危险物品肇事罪。事故发生后,二人不尽救助对方受伤人员、设置警戒区域和协助抢险人员处置事故的法定义务,而是逃离现场,致使损害后果特别严重。根据康某某、王某在本案中的犯罪事实、犯罪性质、犯罪情节以及对社会的危害程度,淮安市中级人民法院于2006年2月21日作出判决:被告人康某某犯危险物品肇事罪,判处有期徒刑六年六个月;被告人王某犯危险物品肇事罪,判处有期徒刑六年六个月。一审宣判后,公诉机关在法定期限内未提出抗诉,被告人康某某、王某也未上诉,一审判决发生法律效力❶。

3.2.1.7 提供虚假证明文件罪

《刑法修正案(十一)》第二十五条对提供虚假证明文件罪进行了修改,扩充了1997年《刑法》原第二百二十九条明确列举的犯罪主体的范围,同时加大了对于承担保荐、安全评价、环境影响评价、环境监测等职责的中介机构在证券发行、重大资产交易中提供虚假证明文件犯罪的惩治力度。现行《刑法》第二百二十九条第一、二款规定:"承担资产评估、验资、验证、会计、审计、法律服务、保荐、安全评价、环境影响评价、环境监测等职责的中介组织的人员故意提供虚假证明文件,情节严重的,处五年以下有期徒刑或者拘役,并处罚金;有下列情形之一的,处五年以上十年以下有期徒刑,并处罚金:(一)提供与证券发行相关的虚假的资产评估、会计、审计、法律服务、保荐等证明文件,情节特别严重的;(二)提供与重大资产交易相关的虚假的资产评估、会计、审计等证明文件,情节特别严重的;(三)在涉及公共安全的重大工程、项目中提供虚假的安全评价、环境影响评价等证明文件,致使公共财产、国家和人民利益遭受特别重大损失的。有前款行为,同时索取他人财物或者非法收受他人财物构成犯罪的,依照处罚较重的规定定罪处罚。"

本罪的构成要件是:本罪侵犯的客体是中介组织证明文件的公信力。本罪在客观方面表现为,提供与事实不相符合的资产评估报告、验资证明、验证证明、会计报告、审计报告、法律文书、安全评价报告、环境影响评价报告、环境监测报告等虚假的证明文件。这里的"提供"不只是单纯的交付行为,而应包括制作与交付行为。提供的虚假证明文件可以是全部内容与事实不符,也可以是涉及重要事项的部分与事实不符;可以是夸大或者缩小了实际情况,也可以是虚构事实。本罪的主

---

❶ 参见淮安市人民检察院诉康某某、王某危险物品肇事案,载最高人民法院网站,http://gongbao.court.gov.cn/Details/0b97c571782bdfa310eb3ca40d1fec.html。

体是特殊主体，包括承担资产评估、验资、验证、会计、审计、法律服务、保荐、安全评价、环境影响评价、环境监测等职责的中介组织及其工作人员。本罪的主观方面是故意，即行为人明知证明文件与被审核、检验的对象实际情况不一致。

本罪的立案标准是：根据《最高人民检察院、公安部关于公安机关管辖的刑事案件立案追诉标准的规定（二）》（公通字〔2010〕23号）第八十一条规定，"承担资产评估、验资、验证、会计、审计、法律服务等职责的中介组织的人员故意提供虚假证明文件，涉嫌下列情形之一的，应予立案追诉：（1）给国家、公众或者其他投资者造成直接经济损失数额在五十万元以上的；（2）违法所得数额在十万元以上的；（3）虚假证明文件虚构数额在一百万元且占实际数额百分之三十以上的；（4）虽未达到上述数额标准，但具有下列情形之一的：①在提供虚假证明文件过程中索取或者非法接受他人财物的；②两年内因提供虚假证明文件，受过行政处罚二次以上，又提供虚假证明文件的；（5）其他情节严重的情形"。

本罪的认定：实践中，机动车安全技术检验机构及其工作人员与中介人员相互勾结，或者直接面向机动车所有人、管理人、驾驶人，为没有检验或者无法通过检验的车辆提供虚假的证明文件，使不合格车辆违规通过机动车安全技术检验，此类行为严重扰乱了机动车安全技术检验秩序，同时给道路交通安全埋下了重大隐患，情节严重的，可以根据《刑法》第二百二十九条有关提供虚假证明文件罪或出具证明文件重大失实罪的规定进行定罪处罚。

> **典型案例："诚某公司、梅某等提供虚假证明文件案"**
>
> 2016年初，从事非法中介业务的陆某某、毛某某、赵某某合谋利用"道具车"联系机动车安全技术检验机构为物流公司违法进行超长拖挂车"替检"，平均每辆车收取费用为人民币1000元。同年3—7月，上述3人联合杨某联系多家物流公司在诚某公司、晨某公司，违法检测超长拖挂车辆合计248辆，违法所得合计人民币560000元。在此期间，诚某公司法定代表人梅某、检验员周某明知毛某某等人利用"道具车"违法"替检"，仍为相关"替检"车辆出具138份检验合格报告，诚某公司从中获取违法所得合计人民币165600元，检验员周某收取好处费人民币4000元。

3　道路交通事故深度调查的法律责任认定及相关结果运用

法院经审理后认为,被告人陆某某、毛某某、赵某某,伙同被告人杨某、被告单位诚某公司直接负责的主管人员被告人梅某、直接责任人员被告人周某,故意提供虚假证明文件,情节严重,其行为均已构成提供虚假证明文件罪,且系共同犯罪,依法应予惩处。被告人陆某某、毛某某、赵某某、梅某在共同犯罪中起主要作用,系主犯,应当按照其所参与或组织的全部犯罪处罚。被告人杨某、周某在共同犯罪中起次要作用,系从犯,应当从轻处罚。被告人毛某某、周某、杨某、赵某某自动投案,如实供述自己的罪行,系自首,依法予以从轻处罚;被告单位诚某公司、被告人陆某某、梅某归案后如实供述自己的罪行,依法予以从轻处罚。依照《刑法》第二百二十九条第一款、第二百三十一条等规定,判处被告单位诚某公司罚金人民币五万元,被告人陆某某等人有期徒刑一年至二年、罚金人民币五千元至一万元不等的刑罚。被告人赵某某因受过刑事处罚、酌情予以从重处罚,适用实刑,其余五人适用缓刑❶。宣判后,被告人和被告单位在法定期限内均未提出上诉,检察机关也未提出抗诉,相关判决已发生法律效力。

3.2.1.8　非法经营罪

我国《刑法》第二百二十五条规定,"违反国家规定,有下列非法经营行为之一,扰乱市场秩序,情节严重的,处五年以下有期徒刑或者拘役,并处或者单处违法所得一倍以上五倍以下罚金;情节特别严重的,处五年以上有期徒刑,并处违法所得一倍以上五倍以下罚金或者没收财产:(一)未经许可经营法律、行政法规规定的专营、专卖物品或者其他限制买卖的物品的;(二)买卖进出口许可证、进出口原产地证明以及其他法律、行政法规规定的经营许可证或者批准文件的;(三)未经国家有关主管部门批准非法经营证券、期货、保险业务的,或者非法从事资金支付结算业务的;(四)其他严重扰乱市场秩序的非法经营行为"。

本罪的犯罪构成要件是:本罪侵犯的客体是国家的市场秩序管理制度,包括限制买卖物品、经营许可证、特许经营等具体的市场管理制度。本罪的客观方面,表

---

❶ 参见江苏省泰州市医药高新技术产业开发区人民法院刑事判决书,(2018)苏1291刑初50号,载北大法宝,https://www.pkulaw.com/pfnl/a25051f3312b07f31a76de97d739145ac56341434cb0edf6bdfb.html?keyword=%EF%BC%882018%EF%BC%89%E8%8B%8F1291%E5%88%91%E5%88%9D50%E5%8F%B7&way=listView#anchor-documentno。

现为未经相关部门许可,非法从事经营性行为,主要包括:①未经许可经营法律、行政法规规定的专营、专卖物品或者其他限制买卖的物品。②买卖进出口许可证、进出口原产地证明以及其他法律、法规规定的经营许可证或者批准证件。③其他严重扰乱市场秩序的非法经营行为。关于其他严重扰乱市场经济秩序的非法经营行为,全国人大常委会曾专门作出相关的立法解释,最高人民法院也针对其他构成本罪的行为出台相关司法解释。上述解释中包括的非法经营行为主要有:非法买卖外汇;非法经营出版物;非法经营电信业务;在生产、销售的饲料中添加盐酸克伦特罗等禁止在饲料和动物饮用水中使用的物品;非法经营互联网业务;非法经营彩票等。本罪的主体是一般主体,即一切达到刑事责任年龄,具有刑事责任能力的自然人。其中,依法成立、具有责任能力的单位也可以成为本罪的主体。在道路交通运输管理领域,构成本罪的主体主要是指非法从事交通运输的人员和道路运输经营单位。根据《道路运输条例》的规定,从事道路客货运输的企业实行许可制度,即必须依法取得相应的营运资质,才可以从事道路运输。从事客货运输的驾驶人员,必须具有相应的资格证书。未取得相应资质或资格,非法从事交通运输经营业务的,属于非法经营。本罪在主观方面由故意构成,并且具有谋取非法利润的目的,这是本罪在主观方面应具有的2个主要内容。如果行为人没有以牟取非法利润为目的,而是由于不懂法律、法规,买卖经营许可证的或从事其他非法经营的,不应当以本罪论处,应当由主管部门对其追究行政责任。

本罪的立案标准是:本罪在犯罪情节上要求情节严重的才构成犯罪,而认定情节是否严重,应以非法经营额和所得额为起点,并且要结合行为人是否实施了非法经营行为,是否给国家造成重大损失或者引起其他严重后果,是否经行政处罚后仍不悔改等来判断。《最高人民检察院、公安部关于公安机关管辖的刑事案件立案追诉标准的规定(二)》第七十九条对非法经营罪不同犯罪行为表现的具体追诉标准进行了规定:违反国家有关盐业管理规定,非法生产、储运、销售食盐;违反国家烟草专卖管理法律法规,未经烟草专卖行政主管部门许可,无烟草专卖生产企业许可证、烟草专卖批发企业许可证、特种烟草专卖经营企业许可证、烟草专卖零售许可证等许可证明;未经国家有关主管部门批准,非法经营证券、期货、保险业务,或者非法从事资金支付结算业务;违反国家规定,使用销售点终端机具(POS机)等方法,以虚构交易、虚开价格、现金退货等方式向信用卡持卡人直接支付现金;非法经营外汇;出版、印刷、复制、发行严重危害社会秩序和扰乱市场秩序的非法出版物;非法从事出版物的出版、印刷、复制、发行业务;采取租用国际专线、私设转接设备或者其他方法,擅自经营国际电信业务或者涉港澳台电信业务进行营利活动,扰乱电信市场管理秩序等等行为,必须达到一定数额或者具有一定情节的,才能以非法经营罪定罪处罚。对于从事其他非法经营活动的,具有下列情形之一的:①个人非法经营数额在五万元以上,或者违法所得数额在一万元以上的;②单位非法经营数额在五十万元以上,或者违法所得数额在十万元以上的;③虽未达到上述数额标准,但两年内因同种非法经营行为受过二次以上行政处罚,又进行同种非法经营行为的;④其他情节严重的情形。应予以立案追诉。

本罪的认定:应当明确罪与非罪的界限。成立本罪的前提,是违反国家规定,即违反全国人民代表大会及其常务委员会制定的法律和决定,国务院制定的行政法规、规定的行政措施、发布的决定和命令。没有违反国家规定的,不得认定为本罪。

3.2.1.9 生产、销售伪劣产品罪

我国《刑法》第一百四十条规定,生产者、销售者在产品中掺杂、掺假,以假充真,以次充好或者以不合格产品冒充合格产品,销售金额五万元以上不满二十万元的,处二年以下有期徒刑或者拘役,并处或者单处销售金额百分之五十以上二倍以下罚金;销售金额二十万元以上不满五十万元的,处二年以上七年以下有期徒刑,并处销售金额百分之五十以上二倍以下罚金;销售金额五十万元以上不满二百万元的,处七年以上有期徒刑,并处销售金额百分之五十以上二倍以下罚金;销售金额二百万元以上的,处十五年有期徒刑或者无期徒刑,并处销售金额百分之五十以上二倍以下罚金或者没收财产。

本罪的构成要件是:本罪侵犯的客体是国家对普通产品质量的管理制度。普通产品是指除刑法另有规定的药品、食品、医用器材、涉及人身和财产安全的电器、农药、兽药、化肥、种子、化妆品等产品以外的产品。国家对产品质量的管理制度是指国家通过法律、行政法规等规范产品生产的标准,产品出厂或销售过程中的质量监督检查内容,生产者、销售者的产品质量责任和义务、损害赔偿、法律责任等制度。本罪的客观方面表现为生产者、销售者违反国家的产品质量管理法律、法规,

生产、销售伪劣产品的行为。违反产品质量管理法律、法规一般是指违反《中华人民共和国产品质量法》《中华人民共和国标准化法》《中华人民共和国计量法》《工业产品质量责任条例》以及有关省、自治区、直辖市制定的关于产品质量的地方性法规、规章、有关行业标准规则等。关于伪劣产品的界定标准,在上述产品质量管理法律、法规中有规定。本罪在客观方面的行为表现可具体分为以下四种行为:①掺杂、掺假。这是指行为人在产品的生产、销售过程中掺入杂物或假的物品。②以假充真。这是指行为人以伪造产品冒充真产品,表现为伪造或者冒用产品质量认证书及其认证标志进行生产或者销售这类产品的行为。③以次充好。这是指以次品、差的产品冒充正品、优质产品的行为。④以不合格产品冒充合格产品。这是指以不符合产品质量标准(包括国家标准、行业标准、地方标准在内)的产品假冒符合产品质量标准的产品的行为。上述四种行为属于选择行为,即行为人具有上述四种行为之一的,就构成生产、销售伪劣产品罪。行为人如果同时具有上述两种行为或两种以上行为的。也应视为一个生产、销售伪劣产品罪,不实行数罪并罚。生产、销售伪劣产品的金额达到五万元以上的情节,是构成生产、销售伪劣产品罪在客观上所要求的内容。本罪的行为主体是个人和单位,表现为产品的生产者和销售者两类人。生产者、销售者是否具有合法的生产许可证或者营业执照不影响本罪的成立。本罪的主观方面表现为故意,一般具有非法牟利的目的。行为人的故意表现为在生产领域内有意制造伪劣产品。在销售领域内分为两种情况:一是在销售产品中故意掺杂、掺假;二是明知是伪劣产品而售卖。

本罪的立案标准是:《最高人民检察院、公安部关于公安机关管辖的刑事案件立案追诉标准的规定(一)》第十六条规定:生产者、销售者在产品中掺杂、掺假,以假充真,以次充好或者以不合格产品冒充合格产品,涉嫌下列情形之一的,应予立案追诉:①伪劣产品销售金额五万元以上的;②伪劣产品尚未销售,货值金额十五万元以上的;③伪劣产品销售金额不满五万元,但将已销售金额乘以三倍后,与尚未销售的伪劣产品货值金额合计十五万元以上的。

本罪的认定:第一,罪与非罪的界限。当行为人故意制造、销售伪劣产品,销售金额达到法律规定的五万元以上时,即成立犯罪;销售金额不满五万元的制售伪劣产品的行为一般属违法行为,可由工商行政管理部门依法给予行政处罚。对于实践中发生的仅查到伪劣产品本身,而难以甚至根本无法查清伪劣产品的销售金额的案件,根据最高人民法院、最高人民检察院2001年4月9日《关于办理生产、销售伪劣商品刑事案件具体应用法律若干问题的解释》(法释〔2001〕10号)第二条的规定:伪劣产品尚未销售,货值金额达到刑法第一百四十条规定的销售金额三倍以上的,以生产、销售伪劣产品罪(未遂)定罪处罚。第二,此罪与彼罪的区分。这主要是指生产、销售伪劣产品罪与生产、销售假药、不符合卫生标准的食品或有毒、有害、不符合标准的医疗器材、不符合卫生标准的化妆品等生产、销售特定的伪劣商品犯罪的界限,它们的区别主要是犯罪对象,即伪劣产品种类的不同。本罪生产、销售的是普通物品,生产、销售假药罪等犯罪生产、销售的是特定物品。根据《刑法》第一百四十条、第一百四十九条的规定,生产、销售伪劣产品罪与生产、销售假药罪等第一百四十一条至一百四十八条规定的犯罪之间存在法条竞合关系,在这种情况下,特别法应当优于普通法适用。但第一百四十九条第二款同时又规定,生产、销售本节第一百四十一条至第一百四十八条所列产品,构成各该条规定的犯罪,同时又构成本节第一百四十条规定的犯罪的,依照处刑较重的规定定罪处罚。这一规定体现了择重而处的精神,应属特别法优于普通法适用原则的例外规定。

3.2.1.10 出具证明文件重大失实罪

《刑法》第二百二十九条第二款规定承担资产评估、验资、验证、会计、审计、法律服务、保荐、安全评价、环境影响评价、环境监测等职责的中介组织的人员严重不负责任,出具的证明文件有重大失实,造成严重后果的,处三年以下有期徒刑或者拘役,并处或者单处罚金。

本罪的构成要件是:本罪所侵害的客体是国家有关市场的管理秩序,犯罪对象是指资产评估报告、验资证明、验证证明、审计报告等中介证明。其中,资产评估报告,是指资产评估人对公司的物产、工业产权、非专利技术、土地使用权等资产折抵资本经过评估所出具的报告,根据《公司法》规定,公司成立的发起人以物产、工业产权、非专利技术、土地使用权作为自己股款折资本的,其在公司中所持的股份数额,应由资产评估师评估;公司解散时,对其资产也应当评估。验资证明,是指由验资机构及其人员在公司成立时,对股东是否出资、是否足额出资以及出资是否到位等核实查验后所出具的证明。验证证明,是指法定的验资机构及其人员对公司的财务会计报告如资产负债表、损益表、财务状况变动表、财务情况说明书、招股说明书等文件就其真实性、准确性、可靠性进行审查后提出的证明。审计报告,则是审计机构及其人员对公司的招股说明书,公司资产负债表、损益表、财务变动情况表,三年的经营状况,公司的合并、分立等依法进行审查、核实后所作出的报告。本罪在客观方面表现为严重不负责任,出具的证明文件有重大失实,造成严重后果的行为。首先,必须有严重不负责任的行为,是构成本罪的前提,如果工作认真负责,完全因受蒙蔽无法发现或确因水平、能力的限制而没有发现的,则不能以本罪论处。严重不负责任,既可以表现为该为而根本不为、也可以表现为马马虎虎草率应付,不认真而为。其次,必须造成了证明文件重大失实。失实,是指证明文件有虚假内容;重大失实,则是指内容与实际情况存在重大出入,与事实不符,如全部内容失实、重要内容失实等。最后,必须造成了严重后果。没有造成实际危害后果或虽造成危害后果但不是严重后果,也不能以本罪论处。所谓严重后果,主要是指给国家、公司、股东等造成重大经济损失的;造成极为恶劣的影响的;造成市场秩序甚至社会严重混乱的;等等。

本罪的立案标准是:根据《最高人民检察院、公安部关于公安机关管辖的刑事案件立案追诉标准的规定(二)》第八十二条的规定:"承担资产评估、验资、验证、会计、审计、法律服务等职责的中介组织的人员严重不负责任,出具的证明文件有重大失实,涉嫌下列情形之一的,应予立案追诉:(一)给国家、公众或者其他投资者造成直接经济损失数额在一百万元以上的;(二)其他造成严重后果的情形。"

本罪的认定:本罪与伪造、变造、买卖或者盗窃、抢夺、毁灭国家机关、企业、事业单位、人民团体的公文、证件、印章罪的界限。二者的共同点在于:它们都是故意犯罪、犯罪对象都是内容有一定意义的证明文件,但是,两者的区别还是十分明显的。主要表现在:①犯罪客体不同,后罪侵犯的是国家机关、企业、事业单位、人民团体的正常管理活动及其信誉。其犯罪对象为公文、证件、印章。本罪侵犯的是国家对工商企业的管理活动,其侵犯的对象为有关公司成立或生产经营的证明文件。②犯罪的客观方面不同。后者表现为伪造、变造或者盗窃、抢夺、毁灭公文、证件、印章的行为。伪造是指无权制作者制作不真实的公文、证件、印章。本罪表现承担资产评估、验资、验证、审计职责的人员或单位故意提供虚假证明文件、情节严重的行为,它是有权制作者出具了不真实的证明文件。③犯罪主体不同。后罪的主体为一般主体,即达到法定年龄,具有刑事责任能力的人都能构成,其主体为自然人,不包括单位。本罪的主体为特殊主体,行为人必须具备一定的身份才能构成。具体而言,其主体为承担资产评估、验资、验证、会计、审计、法律服务等职责的中介组织的人员或单位。

> **典型案例:"赵某某、范某某、高某出具证明文件重大失实案"**
>
> 2015年5月15日15时27分,西安某某生活馆在组织客户旅游活动中,由王某驾驶的陕B*****号"京通"牌大型普通客车在行驶至陕西省咸阳市淳化县232县道1公里加450米下坡左转弯处,车辆失控由道路右侧冲出路面,越过路外侧绿化台并向右侧翻滑下落差32米的山崖,致35人死亡、11人受伤,直接经济损失2300余万元。经淳化县公安局交通警察大队认定,该事故中驾驶人王某违反《中华人民共和国道路交通安全法》第二十一条"驾驶人驾驶机动车上道路行驶前,应当对机动车的安全技术性能进行认真检查;不得驾驶安全设施不全或者机件不符合技术标准等具有安全隐患的机动车"的规定,负事故全部责任。
>
> 经查明,事故车辆2015年5月5日在铜川某某交通设施工程有限公司(以下简称"某某公司")进行了机动车安全技术性能检验并获得检验合格证明。检验过程中,外检员对发动机等必检项目漏检、少检,未发现事故车辆发动机号与注册登记信息不一致的问题,且第一次驻车制动检验不合格,第二次复检时引车员与车主、车托弄虚作假,采取拔掉尾灯线踩脚刹的方式通过驻车制动检验。事故发生的直接原因是王某驾驶制动系统技术状况严重不良的大客车,行经下陡坡、连续急弯路段时,因制动力不足造成车速过快,行至发生事故的急弯路段时达到59千米/小时,在离心力作用下出现侧滑,失控冲出路面翻坠至崖下。

法院认为:某某公司《质量手册》对身为该公司授权签字人、质量负责人的赵某某,检测科长、质量监督员的范某某和担任公司经理职务的高某,在机动车检测质量方面规定了明确的职责。某某公司发生违规检测,出具的机动车安全技术检验报告及检验表存在重大失实,造成不符合安全技术标准的陕B*****大型普通客车取得合格检测数据并获得检验合格标志,允许上路行驶导致发生重特大事故,造成多人伤亡和重大经济损失的严重后果。赵某某、范某某、高某的行为均构成出具证明文件重大失实罪❶。

3.2.1.11 伪造、变造、买卖国家机关公文、证件、印章罪

《刑法》第二百八十条第一款规定:"伪造、变造、买卖或者盗窃、抢夺、毁灭国家机关的公文、证件、印章的,处三年以下有期徒刑、拘役、管制或者剥夺政治权利,并处罚金;情节严重的,处三年以上十年以下有期徒刑,并处罚金。"

本罪的构成要件:本罪侵犯的客体是国家机关的正常管理活动和信誉。本罪侵犯的对象是公文、证件、印章,且仅限于国家机关的公文、证件和印章。公文一般是指国家机关制作的,用以联系事务、指导工作、处理问题的书面文件,如命令、指示、决定、通知、函电等。某些以负责人名义代表单位签发的文件,也属于公文。证件是指国家机关制作、颁发的,用以证明身份、职务、权利义务关系或其他有关事实的凭证,如结婚证、工作证、学生证、护照、户口迁移证、营业执照、驾驶证等。印章是指国家机关刻制的以文字与图案表明主体同一性的公章或专用章,是国家机关行使职权的符号和标记,公文在加盖公章后始能生效。用于国家机关事务的私人印鉴、图章也应视为本款所称印章。本罪在客观方面表现为伪造、变造、买卖国家机关公文、证件、印章的行为。伪造是指无权制作者制作假的公文、证件或印章,既包括根本不存在某一公文、证件或印章而非法制作出一种假的公文、证件和印章,又包括在存在某一公文、证件或印章的情况下而模仿其特征而复印、伪造另一假的公文、证件或印章。变造则是对真实的公文、证件或印章利用涂改、擦消、拼接等方法进行加工、改制,以改变其真实内容。买卖即对国家机关公文、证件或印章实行有偿转让,包括购买和销售两种行为。买卖的公文、证件或印章,既可以是真实的,也可以是伪造或者变造的。本罪的主体是一般主体,即凡是

---

❶参见陕西省铜川市中级人民法院刑事裁定书,(2017)陕02刑终5号,载中国裁判文书网, https://wenshu.court.gov.cn/website/wenshu/181107ANFZ0BXSK4/index.html? docId = 939AmlYaUQ8UKMT5tQiV+0ORxpyQvEVccI/20JxRY2C9nbj77OH5OPUKq3u+IEo4EHTkoUUVzhu GXI+9llIO/Sl+dqAnbuBscmTXZtPih6qpPEAeBhBJM1iP9CcCswMe。

达到法定刑事责任年龄、具有刑事责任能力的人均可构成伪造、变造、买卖国家机关公文、证件、印章罪。本罪的主观方面只能出于直接故意,间接故意和过失不构成本罪。

本罪的立案标准是:根据《最高人民法院、最高人民检察院关于办理与盗窃、抢劫、诈骗、抢夺机动车相关刑事案件具体应用法律若干问题的解释》(法释〔2007〕11号)第二条规定:伪造、变造、买卖机动车行驶证、登记证书,累计三本以上的,依照刑法第二百八十条第一款的规定,以伪造、变造、买卖国家机关证件罪定罪,处三年以下有期徒刑、拘役、管制或者剥夺政治权利。伪造、变造、买卖机动车行驶证、登记证书,累计达到第一款规定数量标准五倍以上的,属于刑法第二百八十条第一款规定中的"情节严重",处三年以上十年以下有期徒刑。

本罪的认定:关于伪造、变造、买卖民用机动车号牌行为能否构成该罪。根据最高人民法院2009年《关于伪造、变造、买卖民用机动车号牌行为能否以伪造、变造、买卖国家机关证件罪定罪处罚问题的请示的答复》(法研〔2009〕68号),不能将机动车号牌认定为国家机关证件,不能以该罪进行定罪处罚。

3.2.1.12　以危险方法危害公共安全罪

《刑法》第一百一十四条、第一百一十五条第一款规定:"放火、决水、爆炸以及投放毒害性、放射性、传染病病原体等物质或者以其他危险方法危害公共安全,尚未造成严重后果的,处三年以上十年以下有期徒刑。""放火、决水、爆炸以及投放毒害性、放射性、传染病病原体等物质或者以其他危险方法致人重伤、死亡或者使公私财产遭受重大损失的,处十年以上有期徒刑、无期徒刑或者死刑。"

本罪的构成要件是:本罪侵犯的客体是不特定或者多数人的生命、健康或者重大公私财产安全。本罪在客观方面表现为,行为人实施了其他危险方法危害公共安全行为。立法并未述明"其他危险方法"的具体表现形态,通常认为,这里的"其他危险方法"包括两层含义:一是不属于放火、决水、爆炸、投放危险物质的行为;二是与放火、决水、爆炸、投放危险物质的危险性相当,一旦实施足以造成不特定或者多数人的生命、健康或者重大公私财产损失。本罪的主体是一般主体,即年满16周岁、具有辨认和控制自己行为能力的自然人。本罪的主观方面是故意,即行为人明知自己的行为会发生危害社会的结果,并且希望或者放任这种结果发生。

本罪的认定:根据《最高人民法院关于印发醉酒驾车犯罪法律适用问题指导意见及相关典型案例的通知》(法发〔2009〕47号)规定,"行为人明知酒后驾车违法、醉酒驾车会危害公共安全,却无视法律醉酒驾车,特别是在肇事后继续驾车冲撞,造成重大伤亡,说明行为人主观上对持续发生的危害结果持放任态度,具有危害公共安全的故意。对此类醉酒驾车造成重大伤亡的,应依法以危险方法危害公共安全罪定罪。"实践中,道路交通领域中的"其他危险方法"除上述情形外,还包括在高速公路上违法停车或者逆行、向高速行驶的车辆随意投掷石块、吸毒后驾车连续冲撞、故意驾车制造交通事故勒索钱财、斗气别车、强行闯卡冲撞交警等形式。

典型案例:"曾某某以危险方法危害公共安全案"

被告人曾某某系成都市某物流有限公司货车驾驶人。2017年1月21日晚,曾某某与人饮酒后,驾驶一辆重型半挂牵引车并牵引一辆重型平板半挂车从成都市青白江区出发,沿成都第二绕城高速路往广汉方向行驶。当晚21时15分,曾某某驾车行驶至G420214KM+100m外环处被张某驾驶的小型轿车追尾。曾某某下车查看事故状况后,在明知高速公路不得随意停放车辆的情况下,因担心交警前来处理事故时发现其饮酒驾车的违法行为,便将停放于高速公路从左至右第二车道所驾车辆熄火后离开。21时30分,游某某驾驶越野车途经此路段时,因躲避不及与曾某某停放在第二车道内的大货车尾部相撞,致乘车人刘某1、刘某2当场死亡,张某某重伤,刘某3轻微伤,游某某损伤,越野车毁损。次日12时许,曾某某主动投案自首,并如实供述了犯罪事实。

法院经审理认为,被告人曾某某夜间酒后驾车在高速公路发生追尾后,未采取任何警示措施,将其所驾大货车熄火后停放在高速公路行车道内后离开,危害公共安全,造成了2人死亡、3人不同程度受伤、车辆毁损的严重后果,其行为已构成以危险方法危害公共安全罪。案发后,曾某某主动到侦查机关投案,并如实供述了自己的主要罪行,且当庭表示对指控事实无异议,系自首,依法予以从轻处罚。依照

《刑法》第一百一十五条第一款、第六十七条第一款等规定,以被告人曾某某犯以危险方法危害公共安全罪,判处有期徒刑十年❶。

3.2.1.13 玩忽职守罪

《刑法》第三百九十七条第一款规定:"国家机关工作人员滥用职权或者玩忽职守,致使公共财产、国家和人民利益遭受重大损失的,处三年以下有期徒刑或者拘役;情节特别严重的,处三年以上七年以下有期徒刑。本法另有规定的,依照规定。"

本罪的构成要件是:本罪侵犯的客体是国家机关工作人员职务行为的公正性、合法性原则,是国家机关的正常管理活动和国家权力行使的公正性、权威性。本罪在客观方面表现行为人玩忽职守,因而使公共财产、国家和人民利益遭受重大损失的行为,包括以下两个要素:一是行为人实施了玩忽职守的行为,其行为方式一般为不作为,但有时也可以表现为作为。其中,作为形式的玩忽职守是指行为人积极地实施与其职务或者职责相背离的行为,比如工作马马虎虎、草率从事、敷衍塞责、违令抗命、极不负责任,或者阳奉阴违、弄虚作假、欺上瞒下、胡作非为,致使国家、人民利益和公私财产遭受重大损失;不作为形式的玩忽职守是指行为人消极地不履行职责或者职务,对于自己应当履行且有条件履行的职责,不尽自己应尽的职责义务,或者擅离职守、撒手不管,或者虽未离职守,但却不尽职责、该管不管、该作不作、听之任之,致使国家、人民利益和公私财产遭受重大损失的行为。二是致使公共财产、国家和人民利益遭受重大损失。具体而言,在道路交通安全监管领域,玩忽职守的行为主要体现在交通运输、公安交通管理、质量监督管理、安全生产监督管理等部门在道路建设养护、运输企业监管检查、危化品道路运输管理、驾驶人驾驶资格许可、违法行为查处、机动车安全技术检验、危险化学品安全监督管理、安全生产工作综合监督管理等环节,严重不负责任,不履行或不正确履行职责,致使出现不符合安全技术标准的道路投入使用、不合格的驾驶人取得驾驶资格、不符合安

---

❶参见四川省成都市中级人民法院刑事裁定书,(2017)川01刑终1188号,载中国裁判文书网,https://wenshu.court.gov.cn/website/wenshu/181107ANFZ0BXSK4/index.html? docId = 708Dqi UCGXN8gPOeZUfOghk54DbEHcqAnsrmuuVu3rMhhjFbPT2AFPUKq3u + IEo4EHTkoUUVzhu GXI + 9llIO/Sl+dqAnbuBscmTXZtPih6qxedzN5+PVqKvedHXgnb7V。

全性能的机动车上路行驶、超员超载超速车辆未及时查处等情况。本罪主体为国家机关工作人员,是指在各级权力机关、行政机关、司法机关、军事机关中从事公务的人员。具体到道路交通安全监管领域,主要是指公安机关交通管理部门、安全监督管理部门、交通运输主管部门、建设行政主管部门、治安管理部门、农业(农机)部门、卫生部门、工商行政管理部门、工信(经信)部门、商务部门、发展和改革部门、质量监督管理部门、教育行政部门等部门中从事公务的人员。根据2002年12月28日第九届全国人民代表大会常务委员会第三十一次会议通过的《关于〈中华人民共和国刑法〉第九章渎职罪主体适用问题的解释》的规定,下列三种人员也可成为本罪的主体:在依照法律、法规规定行使国家行政管理职权的组织中从事公务的人员;在受国家机关委托代表国家机关行使职权的组织中从事公务的人员;虽未列入国家机关人员编制但在国家机关中从事公务并代表国家机关行使职权的人员。犯罪主观方面。本罪在主观方面只能由过失构成,玩忽职守罪行为人对于其行为所造成重大损失结果,在主观上并不是出于故意,而是其应当知道自己擅离职守或者不依法履行职责可能会发生一定的社会危害结果,但疏忽大意而没有预见,或者是虽然已经预见到可能会发生,但凭借其自身知识或者经验而轻信可以避免,以致发生了法定的危害结果。

本罪的立案标准是:关于该罪的立案标准,根据最高人民法院、最高人民检察院《关于办理渎职刑事案件适用法律若干问题的解释(一)》(法释〔2012〕18号)的规定,国家机关工作人员滥用职权或者玩忽职守,具有下列情形之一的,应当认定为刑法第三百九十七条规定的"致使公共财产、国家和人民利益遭受重大损失":①造成死亡一人以上,或者重伤三人以上,或者轻伤九人以上,或者重伤二人、轻伤三人以上,或者重伤一人、轻伤六人以上的;②造成经济损失三十万元以上的;③造成恶劣社会影响的;④其他致使公共财产、国家和人民利益遭受重大损失的情形。"经济损失",是指渎职犯罪或者与渎职犯罪相关联的犯罪立案时已经实际造成的财产损失,包括为挽回渎职犯罪所造成损失而支付的各种开支、费用等。立案后至提起公诉前持续发生的经济损失,应一并计入渎职犯罪造成的经济损失。

本罪的认定:第一,罪与非罪的界限。因工作失误往往也会给国家和人民的利益造成重大损失,在这一点上与本罪相同之处。但两者有严格的区别:①客观行为特征不同。工作失误表现为行为人认真履行自己的职责义务;而玩忽职守罪则表现为行为人不履行或不正确履行自己的职责义务。②导致发生危害结果的原因不同。工作失误,是由于制度不完善,一些具体政策界限不清,管理上存在弊端,以及国家工作人员文化水平不高,业务素质较差,缺乏工作经验,因而计划不周,措施不当,方法不对,以致在积极工作中发生错误,造成国家和人民利益遭受重大损失。而玩忽职守罪,则是违反工作纪律和规章,严重官僚主义,对工作极端不负责任等行为造成国家和人民利益遭受重大损失。在当前经济改革,对外开放,对内搞活的实践过程中,出现一些失误,造成某些严重的损失是难免的,这主要是总结经验教训的问题,必须与玩忽职守罪严格区别开来。但对于那些在国家法律政策不允许的情况下,借口改革,盲目决策,管理混乱,给国家和人民的利益造成重大损失的,绝不能以工作失误来蒙混过关,逃避罪责。第二,此罪与彼罪的区分。本罪与滥用职权罪的区别是:①犯罪主观方面不同。滥用职权罪的主观过错是故意,即滥用职权者认识到自己是在滥用职权,明知不该用而用,该用而不用,因此,对危害结果则是采取放任的间接故意。而玩忽职守的主观过错是过失,即行为人意识到自己在履行职责,应当履行而不履行或不认真地履行,其对危害结果是出于过失。②二者侵犯的直接客体不完全相同。虽然两罪都侵犯了国家机关正常行使国家权力、管理国家事务的活动,但两罪侵犯的直接客体还是有一定差别,滥用职权罪的直接客体是国家机关工作人员职务活动的正当性,玩忽职守罪的直接客体是国家机关工作人职务活动的勤政性。③犯罪客观方面不同。首先,两罪犯罪行为的性质和具体表现不同。滥用职权罪在客观方面的本质属性是对职权的"滥用"。这种"滥用"主要表现为:一是超越职权,擅自决定或处理没有具体决定、处理权限的事项;二是玩弄职权,随心所欲地对事项作出决定或者处理;三是故意不履行应当履行的职责,或者说任意放弃职责;四是以权谋私、假公济私,不正确地履行职责。玩忽职守罪在客观方面的本质属性是对职守的"玩忽"。这种"玩忽"主要表现为两种情形:一是不履行职责,即行为人严重不负责任,对法定职责义务,该为而不为,放弃职守、擅离岗位;二是不认真履行职责,即行为人该履行职责但履责时严重不负责任,对法定职责义务,马虎草率、敷衍塞责。两罪的犯罪行为方式不同。滥用职权罪只能由作为构成,而玩忽职守罪既可以由作为构成,也可以由不作为构成,并且主要表现为不作为。

> **典型案例:阳某与李某某玩忽职守案**
> 2017年4月3日17时,何某2驾驶施工用湘L*****普通轻型货车用搭载彭某、李某5、谭某某等32名施工人员下山,其中驾驶室搭载3人,货箱内搭载29人以及1个蓝色塑料桶和施工人员自带的29把锄头等物品。当日17时20分许,何某2驾驶的湘L*****号车驶至王仙路(一期)一长下坡右转急弯时,因操作不当,致使车辆翻坠于落差4.1米的下行路面,造成乘车人员13人死亡、18人受伤的重大事故。

经审理查明:2016年11月2日,苏仙区人民政府决定将王某1景区公路景观提质项目(以下简称"王某1项目")列入2017年造林重点工程任务,责任人为林业局绿化办总工程师阳某,该局绿化办主任李某某负责办理王某1项目的设计、财评、发改立项、资质审查、合同签订等前期工作。通过招投标确定湖南某某有限公司(以下简称"某某公司")为王某1项目的施工单位,郴州市某某工程监理有限公司(以下简称"某某监理公司")负责监理工作。李某某审核了某某公司和某某监理公司报送的招投标材料和公司资质材料,但未审核出某某监理公司未经年检和监理资质已过期。同年3月17日,某某公司在未与苏仙区林业局签订施工合同的情况下,决定王某1项目正式开工。施工期间,某某公司需要派车接送施工人员,该公司使用面包车和施工用普通轻型货车接送施工人员。某某监理公司安排无监理资质的陈某1等人作为该项目的现场监理员,陈某1等人未按要求履行监理工作,未全程监督施工,未发现某某公司货车载人的情况。被告人李某某和阳某作为绿化办负责人和分管领导,均未对该项目的安全生产工作进行相应布置和安排,亦未发现某某公司货车载人的情况。

法院认为,被告人阳某、李某某身为国家机关工作人员,在王某1景区公路景观提质项目实施过程中,作为项目单位具体实施工程的负责人,在未与施工单位鉴定施工合同及未审查监理单位资质的情况下,由施工单位组织施工,导致"4·3"

事故的发生,对该事故负有间接责任,二被告人的行为构成玩忽职守罪❶。

3.2.2　行政责任

虽然《道路交通安全法》第八十八条明确,交通安全违法行为的处罚种类包括:警告、罚款、暂扣或者吊销机动车驾驶证、拘留。但目前新《行政处罚法》扩大了行政处罚的种类。根据《行政处罚法》规定,行政处罚分为五大类,分别是精神罚,包括警告、通报批评;财产罚,包括罚款、没收违法所得、没收非法财物;资格罚,包括暂扣许可证件、降低资质等级、吊销许可证件;行为罚,包括限制开展生产经营活动、责令停产停业、责令关闭、限制从业,以及人身罚,指行政拘留。此外,新《安全生产法》大幅提高了财产罚的上限,极大震慑了相关企业。

(1)精神罚。因为道路交通事故深度调查属于严重事故,对企业处罚相对较重,很少单独对企业仅作出精神罚。例如《道路运输条例》第六十八条规定,违反本条例的规定,客运经营者、货运经营者不按照规定携带车辆营运证的,由县级以上道路运输管理机构责令改正,处警告或者二十元以上二百元以下的罚款。

(2)财产罚。例如《道路交通安全法》第九十二条第四款规定,运输单位的车辆有本条第一款、第二款规定的情形,经处罚不改的,对直接负责的主管人员处二千元以上五千元以下罚款。《道路交通安全法》第九十八条规定,机动车所有人、管理人未按照国家规定投保机动车第三者责任强制保险的,由公安机关交通管理部门扣留车辆至依照规定投保后,并处依照规定投保最低责任限额应缴纳的保险费的二倍罚款。《安全生产法》第九十二条规定,承担安全评价、认证、检测、检验职责的机构出具失实报告的,责令停业整顿,并处三万元以上十万元以下的罚款;给他人造成损害的,依法承担赔偿责任。承担安全评价、认证、检测、检验职责的机构租借资质、挂靠、出具虚假报告的,没收违法所得;违法所得在十万元以上的,并处违法所得二倍以上五倍以下的罚款,没有违法所得或者违法所得不足十万元的,

---

❶ 参见湖南省永兴县人民法院刑事判决书,(2018)湘 1023 刑初 155 号,载北大法宝,https://www.pkulaw.com/pfnl/a6dbdb3332ec0adc40702174cbe762148a666ccbf5d65e476bdfb.html?keyword=%E9%98%B3%E5%89%91%E4%B8%8E%E6%9D%8E%E9%AD%81%E5%8B%87&way=listView。

单处或者并处十万元以上二十万元以下的罚款;对其直接负责的主管人员和其他直接责任人员处五万元以上十万元以下的罚款;给他人造成损害的,与生产经营单位承担连带赔偿责任;构成犯罪的,依照刑法有关规定追究刑事责任。《安全生产法》第九十五条规定,"生产经营单位的主要负责人未履行本法规定的安全生产管理职责,导致发生生产安全事故的,由应急管理部门依照下列规定处以罚款:(一)发生一般事故的,处上一年年收入百分之四十的罚款;(二)发生较大事故的,处上一年年收入百分之六十的罚款;(三)发生重大事故的,处上一年年收入百分之八十的罚款;(四)发生特别重大事故的,处上一年年收入百分之一百的罚款。"

(3)资格罚。例如《道路交通安全法》第九十四条第二款规定,机动车安全技术检验机构不按照机动车国家安全技术标准进行检验,出具虚假检验结果的,由公安机关交通管理部门处所收检验费用五倍以上十倍以下罚款,并依法撤销其检验资格。《安全生产法》第九十二条第三款规定,对有前款违法行为的机构及其直接责任人员,吊销其相应资质和资格,五年内不得从事安全评价、认证、检测、检验等工作;情节严重的,实行终身行业和职业禁入。

(4)行为罚。例如《道路交通安全法》第一百零二条规定,对六个月内发生二次以上特大交通事故负有主要责任或者全部责任的专业运输单位,由公安机关交通管理部门责令消除安全隐患,未消除安全隐患的机动车,禁止上道路行驶。《道路交通安全法》第一百零四条规定,未经批准,擅自挖掘道路、占用道路施工或者从事其他影响道路交通安全活动的,由道路主管部门责令停止违法行为,并恢复原状,可以依法给予罚款;致使通行的人员、车辆及其他财产遭受损失的,依法承担赔偿责任。有前款行为,影响道路交通安全活动的,公安机关交通管理部门可以责令停止违法行为,迅速恢复交通。《安全生产法》第九十二条第三款规定,对有前款违法行为的机构及其直接责任人员,吊销其相应资质和资格,五年内不得从事安全评价、认证、检测、检验等工作;情节严重的,实行终身行业和职业禁入。《安全生产法》第九十三条规定生产经营单位的决策机构、主要负责人或者个人经营的投资人不依照本法规定保证安全生产所必需的资金投入,致使生产经营单位不具备安全生产条件的,责令限期改正,提供必需的资金;逾期未改正的,责令生产经营单位停产停业整顿。

(5) 人身罚。《安全生产法》第一百一十条规定,生产经营单位的主要负责人在本单位发生生产安全事故时,不立即组织抢救或者在事故调查处理期间擅离职守或者逃匿的,给予降级、撤职的处分,并由应急管理部门处上一年年收入百分之六十至百分之一百的罚款;对逃匿的处十五日以下拘留;构成犯罪的,依照刑法有关规定追究刑事责任。生产经营单位的主要负责人对生产安全事故隐瞒不报、谎报或者迟报的,依照前款规定处罚。

3.2.3 民事责任

3.2.3.1 民事责任概述

车辆上道路行驶发生交通事故可能导致多种民事责任,包括侵权损害赔偿责任、合同责任,以及保险公司承担的保险责任等。

(1) 侵权损害赔偿责任根据《民法典》侵权责任编第一千一百六十五条规定,是指行为人因过错或者过错推定侵害他人民事权益造成损害,应当承担的法律责任。交通事故侵权行为导致的损害赔偿责任是交通事故民事责任中最主要的体现,又分为机动车一方整体对外赔偿责任,以及机动车一方内部赔偿责任,为本书的主要研究对象。主要法律依据为《道路交通安全法》第七十六条、《民法典》侵权责任编和《道路交通事故损害赔偿司法解释》。

(2) 合同责任根据《民法典》合同编第五百七十七条规定,是指当事人一方不履行合同义务或者履行合同义务不符合约定,应当承担的继续履行、采取补救措施或者赔偿损失等违约责任。道路交通领域的合同责任主要体现为运输合同的违约责任,即托运人未按照约定运输路线在约定期间内将人员或者货物安全运输到约定地点,承担的相应违约责任。在法律适用中,合同责任通常因交通事故侵权行为与侵权损害赔偿责任发生竞合,进而被吸收进侵权损害赔偿责任之中。

(3) 保险责任是指保险人依照保险合同对被保险人或者受益人承担的保险给付责任,包括机动车第三者责任强制保险责任和其他商业保险责任。

在传统车辆发生交通事故的处理实践中,首先由保险公司在机动车第三者责任强制保险责任限额范围内予以赔偿,不足的部分根据《道路交通安全法》第七十六条规定,按照机动车、非机动车和行人的属性进行责任分配❶;其次,根据分配规则由机动车一方承担赔偿责任的部分,由驾驶人和所有人或者管理人根据侵权责任规定承担,除非有证据证明机动车产品存在缺陷,如刹车失灵等特殊情形,机动车的生产者和销售者依照《民法典》侵权责任编和《产品质量法》承担产品责任。

3.2.3.2 责任主体及法律依据

(1)机动车所有人、管理人。根据《民法典》第一千二百零九条的规定:"因租赁、借用等情形机动车所有人、管理人与使用人不是同一人时,发生交通事故造成损害,属于该机动车一方责任的,由机动车使用人承担赔偿责任;机动车所有人、管理人对损害的发生有过错的,承担相应的赔偿责任。"第一千二百一十二条规定:"未经允许驾驶他人机动车,发生交通事故造成损害,属于该机动车一方责任的,由机动车使用人承担赔偿责任;机动车所有人、管理人对损害的发生有过错的,承担相应的赔偿责任,但是本章另有规定的除外。"根据《道路交通事故损害赔偿司法解释》第一条的规定,"机动车所有人或者管理人有以下情形之一,人民法院应当认定其对损害的发生有过错:(一)知道或者应当知道机动车存在缺陷,且该缺陷是交通事故发生原因之一的;(二)知道或者应当知道驾驶人无驾驶资格或者未取得相应驾驶资格的;(三)知道或者应当知道驾驶人因饮酒、服用国家管制的精神药品或者麻醉药品,或者患有妨碍安全驾驶机动车的疾病等依法不能驾驶机动车的;(四)其他应当认定机动车所有人或者管理人有过错的。"第三条规定,套牌机动车发生交通事故造成损害,属于该机动车一方责任,由套牌机动车的所有人或者管理人承担赔偿责任的;被套牌机动车所有人或者管理人同意套牌的,应当与套牌机动车的所有人或者管理人承担连带责任。

---

❶《道路交通安全法》第七十六条规定:"机动车发生交通事故造成人身伤亡、财产损失的,由保险公司在机动车第三者责任强制保险责任限额范围内予以赔偿;不足的部分,按照下列规定承担赔偿责任:(一)机动车之间发生交通事故的,由有过错的一方承担赔偿责任;双方都有过错的,按照各自过错的比例分担责任。(二)机动车与非机动车驾驶人、行人之间发生交通事故,非机动车驾驶人、行人没有过错的,由机动车一方承担赔偿责任;有证据证明非机动车驾驶人、行人有过错的,根据过错程度适当减轻机动车一方的赔偿责任;机动车一方没有过错的,承担不超过百分之十的赔偿责任。交通事故的损失是由非机动车驾驶人、行人故意碰撞机动车造成的,机动车一方不承担赔偿责任。"

(2)机动车经手人。根据《民法典》第一千二百一十条规定:"当事人之间已经以买卖或者其他方式转让并交付机动车但是未办理登记,发生交通事故造成损害,属于该机动车一方责任的,由受让人承担赔偿责任。"第一千二百一十四条规定:"以买卖或者其他方式转让拼装或者已经达到报废标准的机动车,发生交通事故造成损害的,由转让人和受让人承担连带责任。"第一千二百一十五条规定:"盗窃、抢劫或者抢夺的机动车发生交通事故造成损害的,由盗窃人、抢劫人或者抢夺人承担赔偿责任。盗窃人、抢劫人或者抢夺人与机动车使用人不是同一人,发生交通事故造成损害,属于该机动车一方责任的,由盗窃人、抢劫人或者抢夺人与机动车使用人承担连带责任。保险人在机动车强制保险责任限额范围内垫付抢救费用的,有权向交通事故责任人追偿。"根据《道路交通事故损害赔偿司法解释》的规定,被多次转让但是未办理登记的机动车发生交通事故造成损害,当事人可以请求由最后一次转让并交付的受让人承担赔偿责任。拼装车、已达到报废标准的机动车或者依法禁止行驶的其他机动车被多次转让,并发生交通事故造成损害,当事人可以请求由所有的转让人和受让人承担连带责任。

(3)道路运输经营企业。根据《民法典》第一千二百一十一条规定:"以挂靠形式从事道路运输经营活动的机动车,发生交通事故造成损害,属于该机动车一方责任的,由挂靠人和被挂靠人承担连带责任。"除侵权损害责任外,道路运输企业还涉及合同责任,具体而言就是客运合同、货运合同中体现的责任。根据《民法典》第八百一十九条规定:"承运人应当严格履行安全运输义务,及时告知旅客安全运输应当注意的事项。旅客对承运人为安全运输所作的合理安排应当积极协助和配合。"第八百二十三条规定:"承运人应当对运输过程中旅客的伤亡承担赔偿责任;但是,伤亡是旅客自身健康原因造成的或者承运人证明伤亡是旅客故意、重大过失造成的除外。前款规定适用于按照规定免票、持优待票或者经承运人许可搭乘的无票旅客。"同理,根据《民法典》第八百三十二条规定:"承运人对运输过程中货物的毁损、灭失承担赔偿责任。但是,承运人证明货物的毁损、灭失是因不可抗力、货物本身的自然性质或者合理损耗以及托运人、收货人的过错造成的,不承担赔偿责任。"第八百三十三条规定:"货物的毁损、灭失的赔偿额,当事人有约定的,按照其约定;没有约定或者约定不明确,依据本法第五百一十条的规定仍不能确定的,按照交付或者应当交付时货物到达地的市场价格计算。法律、行政法规对赔偿额的计算方法和赔偿限额另有规定的,依照其规定。"因此,道路交通事故深度调查责任人除了应当承担因事故发生导致的人员伤亡与货物损毁的侵权责任外,还应对违反运输合同所造成的结果承担合同责任。在这种情况下,同一个行为既构成了侵权又构成了违约,形成侵权损害赔偿责任与合同违约赔偿责任的竞合,根据《民法典》第一百八十六条规定:"因当事人一方的违约行为,损害对方人身权益、财产权益的,受损害方有权选择请求其承担违约责任或者侵权责任。"

(4)道路相关(建设、设计、施工、监理、经营等)单位。根据《道路交通事故损害赔偿司法解释》第七条规定,因道路管理维护缺陷导致机动车发生交通事故造成损害,当事人请求道路管理者承担相应赔偿责任的,人民法院应予支持。但道路管理者能够证明已经依照法律、法规、规章的规定,或者按照国家标准、行业标准、地方标准的要求尽到安全防护、警示等管理维护义务的除外。依法不得进入高速公路的车辆、行人,进入高速公路发生交通事故造成自身损害,当事人请求高速公路管理者承担赔偿责任的,适用民法典第一千二百四十三条的规定。第八条规定,未按照法律、法规、规章或者国家标准、行业标准、地方标准的强制性规定设计、施工,致使道路存在缺陷并造成交通事故,当事人可以请求建设单位与施工单位承担相应赔偿责任。

(5)机动车生产者、销售者。根据《道路交通事故损害赔偿司法解释》第九条的规定,因机动车存在产品缺陷导致交通事故造成损害,当事人可以依照《民法典》中产品责任的相关规定请求生产者或者销售者承担赔偿责任。根据《民法典》侵权责任编第四章产品责任的规定,生产者应当对因产品存在缺陷造成他人损害的承担侵权责任。被侵权人可以向产品的生产者请求赔偿,也可以向产品的销售者请求赔偿。因运输者、仓储者等第三人的过错使产品存在缺陷,造成他人损害的,产品的生产者、销售者赔偿后,有权向第三人追偿。因产品缺陷危及他人人身、财产安全的,被侵权人有权请求生产者、销售者承担停止侵害、排除妨碍、消除危险等侵权责任。产品投入流通后发现存在缺陷的,生产者、销售者应当及时采取停止销售、警示、召回等补救措施;未及时采取补救措施或者补救措施不力造成损害扩大的,对扩大的损害也应当承担侵权责任。

(6)保险人。根据《民法典》第一千二百一十三条的规定:"机动车发生交通事故造成损害,属于该机动车一方责任的,先由承保机动车强制保险的保险人在强制保险责任限额范围内予以赔偿;不足部分,由承保机动车商业保险的保险人按照保险合同的约定予以赔偿;仍然不足或者没有投保机动车商业保险的,由侵权人赔偿。"第一千二百一十六条规定:"机动车驾驶人发生交通事故后逃逸,该机动车参加强制保险的,由保险人在机动车强制保险责任限额范围内予以赔偿;机动车不明、该机动车未参加强制保险或者抢救费用超过机动车强制保险责任限额,需要支付被侵权人人身伤亡的抢救、丧葬等费用的,由道路交通事故社会救助基金垫付。道路交通事故社会救助基金垫付后,其管理机构有权向交通事故责任人追偿。"根据《道路交通事故损害赔偿司法解释》第十三条的规定,同时投保机动车第三者责任强制保险(以下简称"交强险")和第三者责任商业保险(以下简称"商业三者险")的机动车发生交通事故造成损害,当事人同时起诉侵权人和保险公司的,人民法院应当依照民法典第一千二百一十三条的规定,确定赔偿责任。被侵权人或者其近亲属可以请求承保交强险的保险公司优先赔偿精神损害。第十四条规定,"投保人允许的驾驶人驾驶机动车致使投保人遭受损害,当事人可以请求承保交强险的保险公司在责任限额范围内予以赔偿的。"第十五条规定,"有下列情形之一导致第三人人身损害,当事人请求主张保险公司在交强险责任限额范围内予以赔偿:(一)驾驶人未取得驾驶资格或者未取得相应驾驶资格的;(二)醉酒、服用国家管制的精神药品或者麻醉药品后驾驶机动车发生交通事故的;(三)驾驶人故意制造交通事故的。"第十六条规定,"未依法投保交强险的机动车发生交通事故造成损害,当事人可以请求投保义务人在交强险责任限额范围内予以赔偿。投保义务人和侵权人不是同一人,当事人可以请求投保义务人和侵权人在交强险责任限额范围内承担相应责任。"

(7)其他。根据《道路交通事故损害赔偿司法解释》第五条的规定:"接受机动车驾驶培训的人员,在培训活动中驾驶机动车发生交通事故造成损害,属于该机动车一方责任,当事人请求驾驶培训单位承担赔偿责任的,人民法院应予支持。"第六条规定:"机动车试乘过程中发生交通事故造成试乘人损害,当事人请求提供试乘服务者承担赔偿责任的,人民法院应予支持。试乘人有过错的,应当减轻提供试乘服务者的赔偿责任。"

3.2.3.3　赔偿范围

《道路交通安全法实施条例》第九十五条第二款规定,交通事故损害赔偿项目和标准依照有关法律的规定执行,但目前我国并未对交通事故损害赔偿项目标准制定相应的法律,只有最高人民法院颁布的《人身损害赔偿司法解释》《道路交通事故损害赔偿司法解释》《精神损害赔偿司法解释》对人身伤亡损害赔偿、财产损失赔偿和精神损害赔偿进行了规定。

(1)人身伤亡损害赔偿。人身伤亡损害是指机动车发生交通事故侵害被侵权人的生命权、健康权等人身权益所造成的损害。根据《人身损害赔偿司法解释》第十七条的规定,受害人遭受人身损害的,对其因就医治疗支出的各项费用以及因误工减少的收入应当受到赔偿,包括医疗费、误工费、护理费、交通费、住宿费、营养费、残疾赔偿金、残疾辅助器具费、丧葬费、死亡赔偿金,其中被扶养人生活费计入残疾赔偿金或者死亡赔偿金。

(2)财产损失赔偿。财产损失是指机动车因发生交通事故侵害被侵害人的财产权益所造成的损失。根据《道路交通事故损害赔偿司法解释》的规定,对事故造成的以下财产损失,受害人提出赔偿请求,侵权人应当予以赔偿:①维修被损坏车辆所支出的费用、车辆所载物品的损失、车辆施救费用;②因车辆灭失或者无法修复,为购买交通事故发生时与被损坏车辆价值相当的车辆重置费用;③依法从事货物运输、旅客运输等经营性活动的车辆,因无法从事相应经营活动所产生的合理停运损失;④非经营性车辆因无法继续使用,所产生的通常替代性交通工具的合理费用。

(3)精神损害赔偿。根据《民法典》第一千一百八十三条规定,侵害自然人人身权益造成严重精神损害的,被侵权人有权请求精神损害赔偿。因故意或者重大过失侵害自然人具有人身意义的特定物造成严重精神损害的,被侵权人有权请求精神损害赔偿。对精神损害赔偿的具体适用主要依据《精神损害赔偿司法解释》的规定,该解释规定,精神损害的赔偿数额根据以下因素确定:侵权人的过错程度,但是法律另有规定的除外;侵权行为的目的、方式、场合等具体情节;侵权行为所造成的后果;侵权人的获利情况;侵权人承担责任的经济能力;受理诉讼法院所在地的平均生活水平。

3.3 行政主管部门的法律责任

3.3.1 刑事责任

对道路交通负有监管职责的国家机关及工作人员不正确履行法定职责构成渎职、滥用职权等犯罪的,要依法承担相应的刑事法律责任。

3.3.1.1 滥用职权罪

滥用职权罪,是指国家机关工作人员超越职权,违法决定、处理其无权决定、处理的事项,或者违反规定处理公务,致使公共财产、国家和人民利益遭受重大损失的行为。

交通运输、公安、市场监管、应急管理等部门在道路建设养护、运输企业监管检查、危化品道路运输管理、驾驶人驾驶资格许可、违法行为查处、机动车安全技术检验、危险化学品安全监督管理、安全生产工作综合监督管理等环节,超越职权,或者违反法定程序,致使出现不符合安全技术标准的道路投入使用、不合格的驾驶人取得驾驶资格、超员超载车辆上路行驶等情况,发生道路交通事故的,根据《最高人民检察院关于渎职侵权犯罪案件立案标准的规定》(高检发释字〔2006〕2 号)关于滥用职权罪的立案标准,构成滥用职权罪,应依法追究其刑事责任。

3.3.1.2 玩忽职守罪

玩忽职守罪,是指国家机关工作人员严重不负责任,不履行或不正确地履行自己的工作职责,致使公共财产、国家和人民利益遭受重大损失的行为。

交通运输、公安、市场监管、应急管理等部门在道路建设养护、运输企业监管检查、危化品道路运输管理、驾驶人驾驶资格许可、违法行为查处、机动车安全技术检验、危险化学品安全监督管理、安全生产工作综合监督管理等工作中,不履行或者不正确履行职责,致使出现不符合安全技术标准的道路投入使用、不合格的驾驶人取得驾驶资格、超员超载车辆上道路行驶等情况,发生道路交通事故的,根据《最高人民检察院关于渎职侵权犯罪案件立案标准的规定》关于玩忽职守罪的立案标准,构成玩忽职守罪,应依法追究其刑事责任,详见表 3-1。

表 3-1　行政主管部门刑事责任立案标准

	滥用职权罪	玩忽职守罪
立案标准	一、造成死亡一人以上，或者重伤二人以上，或者重伤一人、轻伤三人以上，或者轻伤五人以上的	一、造成死亡一人以上，或者重伤三人以上，或者重伤二人、轻伤四人以上，或者重伤一人、轻伤七人以上，或者轻伤十人以上的
	二、造成个人财产直接经济损失十万元以上，或者直接经济损失不满十万元，但间接经济损失五十万元以上的	二、造成个人财产直接经济损失十五万元以上，或者直接经济损失不满十五万元，但间接经济损失七十五万元以上的
	三、造成公共财产或者法人、其他组织财产直接经济损失二十万元以上，或者直接经济损失不满二十万元，但间接经济损失一百万元以上的	三、造成公共财产或者法人、其他组织财产直接经济损失三十万元以上，或者直接经济损失不满三十万元，但间接经济损失一百五十万元以上的
	四、虽未达到二、三两项数额标准，但三、四两项合计直接经济损失二十万元以上，或者合计直接经济损失不满二十万元，但合计间接经济损失一百万元以上的	四、虽未达到二、三两项数额标准，但三、四两项合计直接经济损失三十万元以上，或者合计直接经济损失不满三十万元，但合计间接经济损失一百五十万元以上的
	五、弄虚作假，不报、缓报、谎报或者授意、指使、强令他人不报、缓报、谎报情况，导致重特大事故危害结果继续、扩大，或者致使抢救、调查、处理工作延误的	五、严重损害国家声誉，或者造成恶劣社会影响的
	六、严重损害国家声誉，或者造成恶劣社会影响的	六、其他致使公共财产、国家和人民利益遭受重特大损失的情形
	七、其他致使公共财产、国家和人民利益遭受重特大损失的情形	

根据2012年7月9日最高人民法院审判委员会第一千五百五十二次会议、2012年9月12日最高人民检察院第十一届检察委员会第七十九次会议通过的最高人民法院、最高人民检察院颁布的《关于办理渎职刑事案件适用法律若干问题的解释（一）》第一条的规定，国家机关工作人员滥用职权或者玩忽职守，具有下列情形之一的，应当认定为《刑法》第三百九十七条规定的"致使公共财产、国家和人民

3 道路交通事故深度调查的法律责任认定及相关结果运用

利益遭受重特大损失":①造成死亡一人以上,或者重伤三人以上,或者轻伤九人以上,或者重伤二人、轻伤三人以上,或者重伤一人、轻伤六人以上的;②造成经济损失三十万元以上的;③造成恶劣社会影响的;④其他致使公共财产、国家和人民利益遭受重特大损失的情形。

具有下列情形之一的,应当认定为《刑法》第三百九十七条规定的"情节特别严重":①造成伤亡达到前款第①项规定人数三倍以上的;②造成经济损失一百五十万元以上的;③造成前款规定的损失后果,不报、迟报、谎报或者授意、指使、强令他人不报、迟报、谎报事故情况,致使损失后果持续、扩大或者抢救工作延误的;④造成特别恶劣社会影响的;⑤其他特别严重的情节。

从上述规定看出,最新的《关于办理渎职刑事案件适用法律若干问题的解释(一)》司法解释已经对《最高人民检察院关于渎职侵权犯罪案件立案标准的规定》的立案标准进行了修改,应按照最新的标准进行立案侦查。

3.3.1.3 徇私舞弊不移交刑事案件罪

徇私舞弊不移交刑事案件罪,是指市场监管、税务、监察等行政执法人员徇私舞弊,对依法应当移交司法机关追究刑事责任的案件不移交,情节严重的行为。

根据《最高人民检察院关于渎职侵权犯罪案件立案标准的规定》,行政执法人员涉嫌表 3-2 情形之一的,应予立案。

表 3-2 徇私舞弊不移交刑事案件罪立案情形

序号	情形
1	对依法可能判处三年以上有期徒刑、无期徒刑、死刑的犯罪案件不移交的
2	不移交刑事案件涉及三人次以上的
3	司法机关提出意见后,无正当理由仍然不予移交的
4	以罚代刑,放纵犯罪嫌疑人,致使犯罪嫌疑人继续进行违法犯罪活动的
5	行政执法部门主管领导阻止移交的
6	隐瞒、毁灭证据,伪造材料,改变刑事案件性质的
7	直接负责的主管人员和其他直接责任人员为牟取本单位私利而不移交刑事案件,情节严重的
8	其他情节严重的情形

3.3.1.4 帮助犯罪分子逃避处罚罪

帮助犯罪分子逃避处罚罪是指有查禁犯罪活动职责的司法及公安、国家安全、海关、税务等国家机关工作人员,向犯罪分子通风报信、提供便利,帮助犯罪分子逃避处罚的行为。

根据《最高人民检察院关于渎职侵权犯罪案件立案标准的规定》,行政执法人员涉嫌表3-3情形之一的,应予立案。

表3-3 帮助犯罪分子逃避处罚罪立案情形

序号	情形
1	向犯罪分子泄漏有关部门查禁犯罪活动的部署、人员、措施、时间、地点等情况的
2	向犯罪分子提供钱物、交通工具、通信设备、隐藏处所等便利条件的
3	向犯罪分子泄漏案情的
4	帮助、示意犯罪分子隐匿、毁灭、伪造证据,或者串供、翻供的
5	其他帮助犯罪分子逃避处罚应予追究刑事责任的情形

3.3.2 行政责任

道路交通事故中的国家工作人员责任,主要体现为行政问责,分为广义和狭义。广义的问责等于责任追究机制;狭义的问责是追究党政领导干部的领导责任,是现有的法律责任之外的一种政治责任和道德责任的综合体。本书所指行政问责是广义的行政问责,主要包含以下内容:一是行政责任,即对国家机关工作人员和事业单位人员进行政纪处分;二是刑事责任,对于国家机关工作人员渎职失职构成犯罪的,依法追究其刑事责任;三是领导责任,即对负有领导责任的党政领导干部依法追究其政治和道德责任。

(1)公务员纪律处分。根据《安全生产法》《生产安全事故报告和调查处理条例》《公务员法》《行政机关公务员处分条例》的规定,行政机关公务员违反法律、法规、规章以及行政机关的决定和命令,应当承担纪律责任的,给予包括警告、记过、记大过、降级、撤职、开除等处分。

（2）事业单位人员纪律处分。根据《安全生产法》《生产安全事故报告和调查处理条例》《事业单位工作人员处分暂行规定》的规定，国家行政机关依法委托从事公共事务管理活动的事业单位工作人员违法违纪，应当承担纪律责任的，给予包括警告、记过、降低岗位等级或者撤职、开除等处分。

（3）党纪处分。根据《安全生产法》《生产安全事故报告和调查处理条例》《中国共产党纪律处分条例》，对党员的纪律处分种类包括警告、严重警告、撤销党内职务、留党察看、开除党籍。

4 交通警察渎职犯罪的惩戒与预防

道路交通安全是一个整体性的监管领域，涉及人、车、路等多重因素的监管，并非个别部门的职责，而是涉及十余个国家机关的监管职能，各部门之间职能交叉，一定程度上造成事故责任追究时责任难以界定、权责分配不平衡等问题。根据《道路交通安全法》的规定，公安机关交通管理部门作为我国道路交通安全的法定机关，对道路交通安全管理负有重要职责，因此，在追究事故监管者的责任时，交警部门处于重要的地位，也是追责的重点指向部门。但是，目前的追责制度还存在诸多的问题，其中最为突出的便是如何认定公安机关交通管理部门的渎职问题。

现行法律法规对交通警察的职责规定为"维护交通安全和交通秩序，处理交通事故"，但是维护交通安全和交通秩序、处理交通事故作为一个概括的职责总称，又包含了极为详尽的具体职责。如交通安全管理细分为人、车、路的安全管理，交通秩序包括公路交通秩序和城市道路交通秩序，处理交通事故则又包括现场防护、责任认定、调查取证、疏导交通等等一系列与之相关的职责。正是由于交通警察职责的开放性、模糊性、复杂性等特征，导致交通事故发生后认定交通警察是否履行职责存在困难。尽管如此，并不意味着认定交通警察是否渎职的问题毫无意义。应设定认定交通警察渎职所必须具备的基本要件，以便于在道路交通事故发生后，相关部门能够准确辨别交通警察是否存在渎职行为，进而依法进行追责，同时也可以有效避免地方行政权对事故调查组的干涉，减少领导意志对于交通事故责任追究的干预，实现道路交通安全管理权责平衡和责任追究的目的。

4.1 交通警察渎职犯罪的构成要件

认定交通警察在交通事故中构成渎职，必须符合如下要件：一，交通警察须有法定且明确的道路交通安全管理职责；二，交通警察须具有履行特定职责的能力；三，交通警察未依法正确履行职责；四，未正确履行职责和交通事故发生之间具有

4 交通警察渎职犯罪的惩戒与预防

因果关系;五,有法定的损害结果的发生。

4.1.1 交通警察须具有法定且明确的道路交通安全管理职责

4.1.1.1 交通警察的职责

渎职的认定是追究其法律责任的前提和必要条件。只有在具体的道路交通安全管理工作中存在渎职,才能认定存在过错,具有给予法律惩罚的正当性基础。而交通警察渎职的认定,必须以承担相应的法定职责为前提。

职责,是"职"和"责"的合体。职,即职权,是为实现行政管理所需具备的各项职能,如处罚权、强制权、执行权等;责,即责任,是由于义务不履行而产生的责任。具体到行政管理,则是职权的不履行须承担的不利后果。因此,职责合体,更突出行政机关的职权和责任的结合,在享受相应职权的同时,必须正确履行职权。

《中华人民共和国人民警察法》(以下简称《人民警察法》)第六条规定:"公安机关的人民警察按照职责分工,依法履行下列职责:……(三)维护交通安全和交通秩序,处理交通事故;……"根据该条规定,人民警察存在内部分工,不同的分工具有不同的职责,其中"维护交通安全和交通秩序,处理交通事故"则属于交通警察的职责。

4.1.1.2 交通警察职责的法律依据

根据《人民警察法》第六条的规定,人民警察除了履行该条列举的十三项职责外,还要依法履行法律、法规规定的其他职责。该条是对人民警察职责进行授权的法律依据。在道路交通安全管理领域,作为人民警察的一个警种,交通警察必须履行法律、法规和规章规定的职责。《道路交通安全法》第五条规定,国务院公安部门负责全国道路交通安全管理工作。县级以上地方各级人民政府公安机关交通管理部门负责本行政区域内的道路交通安全管理工作。因此,《人民警察法》和《道路交通安全法》及其实施条例,共同构成了交通警察履行道路交通安全管理职责的法律依据。除此之外,公安部和地方政府颁布的与道路交通安全相关的规章或者其他行政规范性文件,也构成交通警察履行道路交通安全管理的法律依据。

(1)交通警察必须履行法律、法规规定的职责。道路交通安全涉及的法律法规主要分为中央层面法律法规和地方性法规两种:在中央层面,主要由《道路交通安全法》和《道路交通安全法实施条例》予以详细规定。除此之外,还有大量的规定散见于国务院行政法规中,如《危险化学品安全管理条例》《校车安全管理条例》等;在地方层面,各省、自治区、直辖市人民代表大会和常务委员会具有制定相应地方性法规、自治条例的权力,可以就道路交通安全管理的具体事项制定地方性法规。事实上,各地已经就道路交通安全管理事项制定专门的地方性法规,其中对交通警察的职责进行规定的,交通警察应依法履行。

(2)交通警察必须履行规章规定的职责。规章包括部门规章和地方政府规章,其法律地位得到《中华人民共和国立法法》(以下简称《立法法》)的确定,属于法的范畴,构成警察依法履行职责的法律依据。根据《立法法》第七十一条规定,国务院各部、委员会、中国人民银行、审计署和具有行政管理职能的直属机构,可以根据法律和国务院的行政法规、决定、命令,在本部门的权限范围内,制定规章。部门规章规定的事项应当属于执行法律或者国务院的行政法规、决定、命令的事项。公安部作为国务院的组成部门,依法负有道路交通安全管理职责,根据《立法法》的规定,公安部在本部门的职责权限内,可以就道路交通安全管理事项制定部门规章,且规章规定的事项应当属于执行道路交通安全相关的法律或者国务院的行政法规、决定、命令的事项。因此,公安部制定的涉及道路交通安全管理相关的规章,如《机动车登记规定》《机动车驾驶证申领和使用规定》等规定的职责,交通警察必须依法履行。

和部门规章的制定主体不同,地方政府规章的制定主体为具有立法权限的地方政府。根据《立法法》第七十三条规定,省、自治区、直辖市和较大的市的人民政府,可以根据法律、行政法规和本省、自治区、直辖市的地方性法规,制定规章。地方政府规章可以就下列事项作出规定:①为执行法律、行政法规、地方性法规的规定需要制定规章的事项;②属于本行政区域的具体行政管理事项。《中华人民共和国地方各级人民代表大会和地方各级人民政府组织法》第六十条规定,省、自治区、直辖市的人民政府可以根据法律、行政法规和本省、自治区、直辖市的地方性法规,制定规章,报国务院和本级人民代表大会常务委员会备案。省、自治区的人民政府所在地的市和经国务院批准的较大的市的人民政府,可以根据法律、行政法规和本省、自治区的地方性法规,制定规章,报国务院和省、自治区的人民代表大会常务委

4 交通警察渎职犯罪的惩戒与预防

员会、人民政府以及本级人民代表大会常务委员会备案。因此,地方政府规章的制定主体包括三类:一是省、自治区、直辖市的人民政府;二是省、自治区的人民政府所在地市的人民政府;三是经国务院批准的较大的市的人民政府。该三类主体根据法律、行政法规和本省、自治区的地方性法规制定的地方政府规章,或者为执行本行政区域内具体道路交通安全管理事项的地方政府规章,具有法律效力,其依法规定的职责,交通警察也必须依法履行。

(3)交通警察必须履行行政规范性文件规定的职责。行政规范性文件,是指行政机关或者法律法规授权组织为实施法律和执行政策,在法定权限内制定的除法律法规和规章以外的决定、命令等普遍行为规则的总称。现实中大量存在、并发生效力的"红头文件",即是对行政规范性文件的俗称。此外还包括其他以命令、决定、意见、通知、说明等形式予以公开发布的文件。行政规范性文件的制定要遵循严格的程序。根据《中共中央办公厅、国务院办公厅关于印发〈党政机关公文处理工作条例〉的通知》(中办发〔2012〕14号)的要求,行政规范性文件要遵循《党政机关公文处理工作条例》的规定。与立法程序要经过听证、会议讨论才能通过有所不同,行政规范性文件只需行政机关相关负责人签发即可。根据行政公开原则,该类行政规范性文件还必须予以公开,并在相应的公报上予以公布。行政规范性文件是为了执行本部门职权范围内的事项,或者是在法规、规章或者上级行政规范性文件没有作出规定而又需要加以规范的情况下,为了弥补空缺制定的规范性文件,具有法律效力。这种法律效力一方面体现为执行性,即行政机关必须将规范性文件所设定的权利义务具体落实到社会管理中;另一方面还体现为强制性,即行政相对人必须遵守规范性文件所设定的义务,行政机关也必须履行规范性文件所规定的职责,否则要承担不利的法律后果。

4.1.1.3 交通警察职责的具体内容

根据《人民警察法》的规定,"维护交通安全和交通秩序,处理交通事故"属于交通警察的法定职责。该职责在《道路交通安全法》及其实施条例中得到确认,法律法规对其予以细化,赋予交通警察为实现道路交通安全管理所具备的各项基本职权。按照权力内容,可分为行政许可权、行政处罚权、行政强制权、事故认定和处理权等职权。按照管理对象,可分为对驾驶人的管理、对车辆的管理和对道路的管

理等方面。通过对现行的法律、法规和规章进行梳理,交通警察的道路交通安全管理职责主要包括以下方面:

(1)机动车登记管理。根据《道路交通安全法》及实施条例、《机动车登记规定》的规定,交通警察依法对机动车的登记材料和安全技术条件进行审核,为车辆依法办理注册登记、变更登记、转让登记、抵押登记、注销登记等手续。定期为车辆办理安全技术检验手续,依法核发检验合格标志。

(2)驾驶人管理。根据《道路交通安全法》及实施条例、《机动车驾驶证申领和使用规定》的规定,交通警察依法对驾驶人申请条件进行审核,并严格驾驶人考试制度,依法对考试合格的申请人授予驾驶许可,对不符合驾驶条件或者采用非法手段获取驾驶资格的驾驶人,依法撤回和撤销驾驶许可。交通警察依法对驾驶许可实行定期审验制度。

(3)查处交通违法行为。根据《道路交通安全法》及实施条例、《道路交通违法行为处理程序规定》的规定,交通警察依法实施道路交通安全监督管理,查处道路交通违法行为,尤其是超速、超载、超员、醉驾、危化品运输等交通违法行为。为实现该职责,法律法规授予交通警察行政处罚权、行政强制权和其他行政处理权。

(4)交通安全宣传。根据《道路交通安全法》的规定,道路交通安全管理坚持教育与惩罚相结合的原则。一方面,交通警察在查处交通违法行为的同时,要及时进行安全教育,让违法行为人更深刻地了解交通安全,杜绝违法行为;另一方面,交通警察要充分发挥新媒体传播优势,创新手段,加大交通安全意识的宣传。

(5)剧毒危化品运输车辆的管理。依据《剧毒化学品购买和公路运输许可证件管理办法》的规定,交通警察依法颁发"剧毒化学品公路运输通行证",严格加强通过公路运输剧毒化学品的车辆监管,依法对运输车辆和驾驶人、押运人员进行查验、审核,了解剧毒化学品运输信息,加强对剧毒化学品运输车辆、驾驶人遵守道路交通安全法律规定情况的监督检查。

(6)校车安全管理。根据《校车安全管理条例》的规定,公安机关交通管理部门应当加强对校车运行情况的监督检查,依法查处校车道路交通安全违法行为,定期将校车驾驶人的道路交通安全违法行为和交通事故信息抄送其所属单位和教育行政部门。

4 交通警察渎职犯罪的惩戒与预防

（7）公路设施巡查和安全隐患排查。根据《道路交通安全法》和《公路安全保护条例》的规定，交通警察发现公路坍塌、坑槽、隆起等损毁，危及交通安全的，应当及时采取措施，疏导交通，并通知公路管理机构或者公路经营企业；发现已经投入使用的道路存在交通事故频发路段，或者停车场、道路配套设施存在交通安全严重隐患的，应当及时向有关部门报告，并提出防范交通事故和消除隐患的建议。

（8）处理交通事故。根据《道路交通安全法》及实施条例、《道路交通事故处理程序规定》（公安部第104号令）的规定，交通警察在发生事故后，要依法组织道路交通事故的抢救，处理交通事故，对道路交通事故作出责任认定，同时要疏导交通，维护交通秩序。

（9）事故现场安全防护。根据《交通警察执勤执法安全防护规定（试行）》的规定，交通警察应做好事故现场的安全防护工作，疏导分流交通，防止次生事故的发生，同时也为依法处理事故提供安全保障。

4.1.1.4　交通警察须具有履行职责的能力

4.1.1.4.1　交通警察尽职及制约因素

交通警察要依法履行道路交通安全管理职责。所谓尽职，字面理解即尽到职责，凡法律法规、规章或规范性文件规定的职责均依法履行。

尽职，必须具备履行特定道路交通安全监管职责的能力。职责的履行，一方面由行为人的主观方面决定，即想履行；另一方面，也由行为人所面临的客观环境决定，即能履行。只有想履行和能履行二者结合，才能完整地履行职责，任何一方面的缺失都将导致不能尽职的客观结果。二者的缺失产生不同的法律效果，即主观上的不想履行和客观上的不能履行具有不同的法律意义。主观上不想履行造成的不能尽职，扰乱了正常的国家机关的活动，对社会公共利益造成损害或者具有造成损害的潜在风险，方可依法追究责任。而因客观环境因素的制约导致的不能尽职，行为人不具有主观过错，显然不具有可惩罚性，因此不能追究其责任。

4.1.1.4.2　客观环境因素对尽职的制约

客观环境因素对交通警察履行职责的制约是多方面的。根据客观因素是否以人的意志为转移，又可细分为自然因素制约和非自然因素制约。

（1）自然因素主要包括自然灾害、不可抗力等不受人的意志控制的因素。受此类因素影响而造成的不能尽职,不具有可惩罚性。但是面对自然灾害和不可抗力,交警部门仍然要制定相应的预案和应急处理措施,在各种措施用尽之后仍然不能履行职责的,方可免除其责任。比如,突发恶劣天气造成道路通行能力下降,交警部门应及时发布相关预警信息,并适时采取相应处置措施,以应对突发天气,将交通事故的致害诱因减少至最低。若交警部门已采取相关措施且该措施被正常的理性人认为是合理的、足够的,则可认定交警部门已经尽职。

(2)非自然因素制约,在现实中主要体现在经济发展、科技装备、人员编制和具体客观条件等方面。

经济发展问题是制约交通警察职能发挥的基本因素。我国地理环境复杂,经济发展呈现东中西阶梯发展的特点,东部地区经济发达,中西部地区则较为滞后,经济发展不平衡的问题普遍存在,导致各地交警部门警用装备配置和执法保障机制存在差异。经济发达地区财政预算经费充足,既可以引进大量较为先进的电子监控设备,采用较为科学的交通警察执法手段和工具,又可以花费资金装备执法辅助设备,帮助交通警察及时掌握最新路面信息,并及时发布相关道路交通信息。例如,同样是高速公路,经济发达地区财政资金充足,可以在公路上设置大量的龙门架,安装相关电子监控设备和显示屏,一方面及时通过电子感应系统和信息采集系统获取路面信息,另一方面可以通过显示设备及时发布警情、路面情况、交通状况、天气情况、交警提示等与道路交通安全相关的信息,便于交通参与者及时获取信息并采取相应措施,从而减少事故发生的概率,也便于交通警察维护交通秩序。尤其是在高速公路发生交通事故时,如交通事故人身伤亡或财产损失较大并阻断交通,交通警察赶赴现场后应及时进行现场安全防护,其中重要的内容之一便是设置警示标志,并采取分流车流、临时封路等应急处置措施,以防止二次事故的发生。如果科技装备配置齐全,通过提前发布道路路况信息,并发布绕行或禁行决定,提前分流车辆,则可以有效避免车辆因交通中断而产生道路拥堵导致事故隐患。当然,交通警察在科技装备不甚齐全的情况下并非毫无作为,而是在装备齐全的情况下可以大大扩展执法视野,更加有效地辅助交通警察延伸其执法手段,从而更加迅速、准确地判明形势,采取对策,减少事故发生。

人员编制问题是影响基层交通警察是否能够依法履行职责的重要因素。随着

4 交通警察渎职犯罪的惩戒与预防

我国进入汽车时代,驾驶人数量急剧攀升,道路里程不断增长,机动车保有量不断提高,交通安全形势越来越复杂,道路拥堵、交通事故频发成为道路交通管理工作的瓶颈难题。道路交通点多、面广的特点,无疑大大增加了交通警察的任务量。然而与之形成鲜明对比的,是全国交警编制数量基本没有发生变化。比如广西,近10年全省交警编制数量未发生变化。由此带来的问题便是交警数量的不足,难以有效应对日益复杂的道路交通形势。虽公安机关交通管理部门采取诸多措施,如聘任交通协管员、创新警力配置等手段,但面对复杂的道路交通形势,现有的编制数量仍然无法满足正常的道路交通安全管理需求。交通警察数量的不足,带来的直接后果便是限制了交通警察维护交通秩序和交通安全职能的发挥。人员编制数量固定,极端条件下,多起事故发生后将面临无人可派、无人可用的局面,匮乏的人员编制显然制约了交通警察职能的发挥。因此,在发生交通事故后,进行责任倒查时,必须充分考虑人员编制因素,准确判定人员编制的不足是否实质性地影响了交通警察职能的发挥,以正确判断交通警察是否依法履行职责。

客观条件因素,是指交通警察履行职责时所面临的客观情况和执法环境。现实生活是复杂的,尤其是道路交通状况所具有的瞬息万变的特点,常常给交通警察的执法活动带来意料之外的困难。比如发生交通事故后,正常出警至现场的时间是半个小时,而且在相当长的一段稳定的时间内,同样的距离所花费的时间是半个小时,但假定某天,由于各种突发因素造成交通拥堵或者交通不畅,延误交通警察的出警时间,致使其不能及时处理交通事故、采取现场防护和抢救伤员等,因此而导致交通事故后果扩大的,是否要追究交通警察的责任就是问题。如果交通警察出警之前或在正常的日常工作计划中已经将一般的、常见的突发状况或潜在的、有可能会给正常出警带来影响的因素考虑进去,并在计划之内预留了一定的时间去应对、处理突发应急事件,即便如此,仍无法确保在预计时间内到达事故现场并采取相应措施的,不能追究交通警察的责任。因为事态的发展或者突发状况,已经超出了其作为道路交通安全执法者的正常预判,具有偶然性和难以预见性。此种情况下交通事故的危害结果扩大,交通警察不具有实质意义上的可追责性,因此不能被追责。

尽职,是每个选择警察职业的人都秉持的信念,依法履行职责,才能完成自身使命。但是囿于主客观因素的制约,尽职是一个理想的状态。在发生道路交通事故之后,事故调查组在查明事实的基础上,认定交通警察是否尽职,要综合考量多种因素,既要甄别其是否存在主观上的过错,又要判断交通警察所处的客观环境是否存在制约其充分发挥职能、依法履行职责的因素,从而准确认定交通警察是否具备履行职责所要求的能力。并非发生道路交通事故,就断定交通警察没有尽职;也并非发生道路交通事故深度调查,就断定交通警察没有尽职且情节严重。因为事故的发生和交警警察尽职没有一一对应的必然关系,交通警察尽职,交通事故可能发生;而交通警察不尽职,交通事故也可能不发生。因此,对交通警察尽职与否的认定,必须建立在充分的证据支持基础之上,应在整体把握交通警察的职责、履行职责主观方面和客观环境等方面的前提下综合考虑,方能作出准确的认定。

4.1.2 交通警察未依法正确履行职责的客观事实

4.1.2.1 未依法正确履行职责的体现

实践中,交通警察未正确履行职责,主要体现为两种行为,即滥用职权行为和玩忽职守行为。

滥用职权的行为主要表现为:①超越职权,擅自决定或处理没有权限的事项,如在处理交通违法行为时,涉嫌构成犯罪的,要依法移交相关部门,但是交通警察以罚代管,放纵违法犯罪行为。②玩弄职权,随心所欲地对事项作出决定或者处理。如交通警察在颁发相关行政许可时,不严格按照法定的程序和要求。③故意不履行应当履行的职责,或是任意放弃职责。如发现交通违法行为放任不管,听之任之。④以权谋私、假公济私,不正确地履行职责。如交通警察徇私枉法。玩忽职守,是指交通警察不负责任,不履行或不正确履行职责。

玩忽职守的行为通常有作为和不作为2种不同的形式。①作为形式的玩忽职守是指行为人积极地实施与其职务或者职责相背离的行为。比如交通警察在车辆、驾驶人等事项的管理中工作马马虎虎、草率从事、敷衍塞责、违令抗命、极不负责任,或者阳奉阴违、弄虚作假、欺上瞒下、胡作非为。②不作为形式的玩忽职守是指交通警察消极地不履行职责或者职务,对于自己应当履行且有条件履行的职责,不尽自己应尽的职责义务,或者擅离职守、撒手不管,或者虽未离职守,但却不尽职责、该管不管、该作不作等。

4.1.2.2 未依法正确履行法定职责的认定

发生道路交通事故后,未依法正确履行职责是追究交通警察渎职责任的必备条件。符合要件包含的具体内容的,才可认定为渎职,进而追究交通警察渎职的责任。在道路交通安全管理中,交通警察未依法正确履行法定职责,必须从如下方面进行综合认定:

(1)导致交通事故发生的直接原因是否属于交警部门依法管理的职责范围。《道路交通安全法》第一百一十九条第(五)项规定:交通事故,是指车辆在道路上因过错或者意外造成的人身伤亡或者财产损失的事件。因此,对于意外造成的道路交通事故,不应当追究交通警察的责任,除非其在事故处理、现场救援、现场安全防护方面未依法履行职责。此时追究交通警察的原因,是交通事故发生后未正确履行事故处理的法定职责,而非未正确履行道路交通安全的日常监管法定职责引发道路交通事故而追究责任。如果导致交通事故发生的直接原因是道路交通违法行为,如超速、超载、超员、酒驾等严重违反道路交通安全运输管理相关法规的违法行为,则属于交通警察的职责管理范围。

(2)导致事故发生的交通违法行为是否属于辖区普遍存在的违法行为。如果造成交通事故发生的某类交通违法行为是该地区普遍存在的违法行为,则应重点认定交警部门是否依法履行违法行为处理的法定职责。作为该地区普遍存在的交通违法行为,交警部门是否对该违法行为予以重视,并积极采取措施,有效处理该类违法行为。交警部门是否针对该类违法行为的违法特点、违法时间、行为规律等及时制定相应的管理方案,是否坚持教育与处罚相结合的原则,在对该类违法行为依法处理的时候进行安全教育。

(3)导致事故发生的交通违法行为是否被当地当天的交警发现并查处。交通警察发现交通违法行为,应依法予以查处,并及时消除违法状态,将致害隐患消除。因此,认定交通警察在日常监管职责中是否渎职,应明确造成事故发生的交通违法行为是否在事故当天被当地交通警察发现并查处,如果交通警察在事故发生前已经发现该违法行为并进行查处,而后行为人发生交通事故,则应重点调查事故发生的违法行为与交通警察查处的违法行为是否属于同一性质,如当天查处的是大客车超员的违法行为,放行后因超员发生交通事故,则可认定交通警察未依法履行职责。在对事故原因进行调查时,应坚持源头调查、属地调查和沿线调查相结合的原则,以查明事实,准确定责。

(4)作为事故发生地的交警部门,是否按照法律、法规、地方政府规章及有关规范性文件的要求,开展道路交通安全监管工作,是否依法制定相应的工作计划和工作措施。交警部门作为法定的道路交通安全管理部门,负责本地区的交通安全管理工作,必须按照法律、法规、地方政府规章及有关规范性文件的要求,按照当地政府和公安机关交通管理部门的工作部署和计划安排,合理制定工作方案。详细的工作方案是交通警察认真履行职责的体现,是对道路交通管理职责的细化。只有针对道路交通的特点、规律制定有针对性的工作方案并严格执行,才是依法履行职责。

在交通事故发生后,必须从上述4个方面综合判定交通警察在履行道路交通安全管理职责时,是否存在未依法正确履行的情况。

4.1.3 未正确履行职责和交通事故发生之间具有因果关系

4.1.3.1 相当因果关系

渎职行为与交通事故发生之间存在因果关系,是交通警察承担责任核心问题。当前关于渎职行为与危害结果的发生之间的因果关系,通常采用"相当因果关系"理论。该理论认为:客观上,如无该不法行为,通常不发生损害,反之,如有该不法行为,通常即发生损害者,则该不法行为与损害间,即具有相当因果关系。相当因果关系从2个方面进行阐述:第一是肯定方面,如果渎职行为的存在通常会发生损害,认定存在因果关系;第二是否定方面,如果没有渎职行为的存在,通常也不会发生该损害,即没有因果关系。所谓"通常",是一个客观标准,按照一般的社会与自然规律来判断,应符合正常人的理性观念。根据社会生活经验,如果某种行为产生某种结果被一般的社会公众认为是合理的、相当的,则该行为与结果之间便存在因果关系。

4.1.3.2 因果关系认定的特殊性

在重大道路交通事故中,交通警察渎职行为的因果关系认定具有一定的特殊

4 交通警察渎职犯罪的惩戒与预防

性。这种特殊性主要体现为：①一果多因，即造成危害结果发生的原因是多方面的，不是单一的原因造成。②原因行为和结果行为具有不同步性，即原因行为并不当时当地引起危害结果的发生，渎职行为对危害结果发生的作用力具有一定的延时性和潜伏性，甚至多年之后才能爆发。③导致危害结果发生的原因行为层次复杂、种类繁多，不便于区分，更难以认定各原因行为对于危害结果发生的作用力的大小。

4.1.3.3 未依法正确履行职责行为对交通事故的作用力

未依法正确履行职责行为对事故的发生具有多大的作用力，将直接决定该种行为是否具有可惩罚性。交通警察的渎职行为通常是事故发生的间接原因，其作用力不能单独导致交通事故的发生。渎职行为的作用力通常表现为以下方面：①为交通事故的发生埋下重大隐患，如许可不符合条件的人驾驶校车、客车、危化品类运输车辆，为不符合安全技术标准的车辆颁发牌证标志等。②使已经存在的事故隐患变为事故，或者应当避免的事故没有避免，如对于交通违法行为未及时纠正，或者以罚代管继续放任违法行为存在等。③加重事故危害结果的发生，如道路交通事故发生后，依法负有报告、救助职责的国家机关及其工作人员不及时、正确报告和救助，导致危害结果的扩大等。

在道路交通事故中，渎职行为是导致交通事故发生的间接原因。而人的因素、车的因素、路的因素，或单独或共同导致交通事故的发生，是事故发生的直接原因。在这些人、车、路因素中，往往存在交通警察的渎职行为，如违法发放驾驶许可、违法进行车辆技术检验、未依法进行危化品管理、对于道路交通违法行为未依法及时查处等。所有的这些渎职行为，并非事故发生的决定因素，但是如果不存在这些渎职行为，便不会有事故的发生，所以必须对渎职行为人依法追究责任，不能因为渎职行为并非导致危害结果发生的直接原因就不予追究。间接原因也是事故发生的重要原因，具有可惩罚性，否则违背立法精神，势必造成渎职行为泛滥，交通事故屡禁不止的严重局面。因此，事故发生后，要认真区分造成事故的原因行为中不同行为的作用力，准确追究相关人员的法律责任。

在判断交通警察未依法正确履行职责的作用力时，重点考量该作用力是否能够对事故的发生产生直接性和实质性的影响，是否存在第三方的行为阻断事故发生的情形。如果第三方行为介入并中断渎职行为的作用力,则渎职行为与交通事故之间不存在因果关系。不能以结果的发生作为该失职渎职行为是否具有可惩罚性的判断标准。

4.1.4 损害结果的发生

损害结果的发生,是追究交通警察渎职的重要依据。交通警察在履行道路交通安全管理职责时,无论是以积极的作为形式还是消极的不作为形式未依法正确履行职责,都属于隐性,很难判定。只有与损害结果这一特定的法律事实相结合,才能为认定交通警察是否依法正确履行职责提供客观基础。根据《生产安全事故报告和调查处理条例》,一般道路交通事故,是指造成3人以下死亡,或者10人以下重伤,或者1000万元以下直接经济损失的事故;较大道路交通事故,是指造成3人以上10人以下死亡,或者10人以上50人以下重伤,或者1000万元以上5000万元以下直接经济损失的事故;重大道路交通事故,是指造成10人以上30人以下死亡,或者50人以上100人以下重伤,或者5000万元以上1亿元以下直接经济损失的事故;特别重大道路交通事故,是指造成30人以上死亡,或者100人以上重伤,或者1亿元以上直接经济损失的事故。只有上述不同等级交通事故发生后,才会启动相应的事故调查程序,对相关部门是否依法履行职责的情况进行调查,并追究相关责任人员的渎职责任。

上述要件是认定交通警察是否渎职的基础要件,只有满足上述要件所述的内容,才能依法追究交通警察的相应责任。完善渎职认定的标准,一方面可以有效减少地方行政权对于责任认定和追究的干预,另一方面可以促进基层交通民警开展工作的积极性。不分事实、不分情形,对交通警察一刀切的责任追究方法,单纯以事故的发生作为认定交通警察渎职的唯一依据,或者听从地方领导的个人意志对交通警察进行责任追究,都将严重挫伤基层交通警察的工作积极性。因此,依法组成的事故调查组,应在搜集证据、查明事实的基础上,对交通警察的履行职责情况进行准确认定,满足渎职构成要件的,要依法追究其责任。

需要注意的是,追究交通警察渎职的责任,除满足上述要件外,还需正确区分渎职与工作失误。工作失误是负有某种职责的人们在工作中难以避免的行为现象。出现失误的原因是多方面的,可能由于工作疏忽,或者工作粗心大意,还可能是工作经验方面的欠缺,或者是工作方法的不完善等。尽管工作失误可能导致一定的经济损失或不良影响,但工作失误造成的具体危害性后果不是出自行为人的主观愿望,而是由于偶然的疏忽不慎或水平经验不足所造成,且危害后果的程度和行为情节均未达到承担法律纪律责任的程度。

工作失误和渎职都是交通警察在履行道路交通安全管理中的不正确行为,但二者存在界限。工作失误虽然具备可谴责性,但是尚未上升到应当承担党纪政纪责任的程度,而渎职行为则是对于正常执行职务行为的严重违反,应当承担相应的责任。

(1)主观目的差异。主观目的是区分工作失误和渎职的首要因素。交通警察在履行职责的过程中,其主观上的思想常常会受到各种因素的干扰而发生动摇或偏离,而这恰恰给渎职思想的萌生提供温床。工作失误,其主观目的是不变的,是坚持把正确履行职责、维护人民群众利益作为工作的基本原则,只是由于水平、经验或方法等原因出现差错,其本质上是好的动机导致差的结果。而渎职则是在履行职务中,将自身利益、局部利益放在第一位,并在此种目的的支配下,为谋求自己和亲友的私利而牺牲国家、集体和人民群众的利益,严重违背所在岗位、职位的要求,并由此导致危害性后果,属于错误地运用权力、未正确履行法定职责的行为,其本质上是坏的动机导致坏的结果。

(2)作为表现形式不同。工作失误发生于履行职责的作为过程中。履行职务的作为是指交通警察以积极的活动,使自己所在岗位、职位的工作目标得以实现,职责得以履行的行为。但积极作为不等于实现岗位或职位所要求的目标。在履行职务过程中,由于各种主客观条件的影响,导致决策、执行中的不适当、不周密,造成损失或影响,是积极履行职务中的失误。而渎职行为,是与其履行职务行为相悖的作为,既可以表现为作为,也可以表现为不作为;既有滥用职权,又有玩忽职守。作为方式的渎职,是指交通警察在履行职责过程中,违背所在岗位或职位对其的期望,超越职权、玩弄职权,随心所欲地对事项作出决定或者处理,故意不履行应当履行的职责。不作为的渎职,是指交通警察消极地不履行职责或者职务,对于自己应当履行且有条件履行的职责,不尽自己应尽的职责义务。

(3)客观条件影响程度不同。区分行为人的责任性质,必须紧密联系客观条件的作用程度进行考察。自然灾害、意外事故等不可抗力所造成的危害性后果,是行为人无论如何努力都无法避免的,不应认定行为人的责任。有时客观条件虽然不具有不可抗拒力,但需要行为人做出超出正常人理性范围内的努力,才能减轻或避免。此种情况下发生的危害性后果,行为人只能承担失误的责任。在现实中,有许多可能导致危害性后果的客观条件是显而易见的,虽具备导致危害性后果的可能性,但不具备必然性,是行为人正确地履行所在岗位、职位的义务就可以减轻或避免的。但在此种情况下,行为人故意不履行职责或故意放纵,或者应减轻而未减轻,能避免而未避免,最终导致危害结果发生的,行为人应承担渎职的责任。

(4)后果的危害程度不同。致害后果的危害程度是区分行为人责任的重要依据。同样是履行职务中的疏忽大意,由于后果的危害程度不同,其责任性质和程度就有所区别。危害程度轻微的可视为失误,不追究行为人的责任。但造成法定的危害结果的,给人民的生命财产安全带来严重损害的,则突破了法律所设定的限度,就构成了渎职,要依法追究其责任。

4.2 交通警察渎职犯罪的原因

(1)个别领导思想麻痹,对易发频发的执法突出问题重视不够,缺乏真抓、敢抓、抓出成效的决心和措施。

(2)队伍管理制度不健全、责任不落实,队伍管理松懈,没有严格执行上级机关的规定要求,违法违纪问题多发环节和岗位缺乏有效监督,管理制度和内部监管流于形式。

(3)部分民警、辅警依法行政意识、服务群众意识不强,纪律松弛、作风涣散,个别人员为牟取私利铤而走险,不惜触犯法律法规。这些执法不规范、不公正、不作为、乱作为的问题,严重损害公安机关的执法形象和执法公信力。

(4)教育培训严重缺乏,思想教育、业务培训和日常警示工作重形式、轻实效、走过场,民警、辅警的政治素养、业务水平得不到有效提升,甚至对违法违纪事实不以为然,公然滥用职权,知法犯法。

(5)辅警队伍漏管失控,进口把关不严,平时针对辅警教育培训不足,导致辅

4 交通警察渎职犯罪的惩戒与预防

警队伍法律意识、责任意识淡薄,整体素质不高。

(6)日常监管不到位。一些地方执勤执法记录仪使用管理不规范,配备率、使用率不高,维护不及时、管理不到位、制度不落实,存在不佩戴使用、使用不规范现象。业务部门、职能部门监管不力,对异常业务数据分析、研判、监管不到位,没有做到及时预警提示和核查整改,导致问题隐患积聚放大。

4.3 交通警察渎职犯罪的预防建议

(1)严格执行法律法规规定。各级公安机关交通管理部门要加强执法教育培训,使广大民警辅警牢固树立崇尚法律、敬畏法律的法治意识和法定职责必须为、法无授权不可为的依法行政意识,铭记职责使命,坚守原则底线,严格依法依规办事,做到秉公执法、执法为民,避免出现违反法律法规规定的执法管理行为。

(2)切实转变工作作风。进一步提升全警服务群众意识,强化岗位责任心和使命感,要认真审核手续材料、查验比对信息,严格把关、尽心尽责;要严格工作纪律,时刻注重维护人民警察形象,坚持以人民为中心,切实做到秉公执法、执法为民。

(3)着力提升队伍整体素质。抓住"素质提升行动"契机,加强交流合作,学习借鉴各地先进经验做法,充分利用全国交警网校培训平台,统筹组织、合理安排交通警察、辅警培训计划,坚持网上网下同步、理论实战结合,重点强化对常用法律法规培训和实战技能训练。

(4)强化执法权力监督。各级公安机关交通管理部门的主要领导要真正落实"一岗双责",在抓好交管业务工作的同时,毫不松懈地抓好交通警察队伍建设,定期分析研判队伍现状,发现苗头问题及时进行提示预警,抓早、抓细、抓严、抓实,将问题解决在萌芽状态。运用科技手段,通过大数据技术对关键岗位和重点执法环节进行全方位、无空隙动态监督,构建常态化、网络化监督机制,并贯穿于队伍管理始终。

(5)要严格执法责任追究。树立底线、红线意识,狠抓铁规禁令,对发现的乱罚款、乱收费、收黑钱等执法突出问题线索紧抓不放,一查到底,对涉及的责任人员严肃追责;充分运用交通警察系统约谈通报制度,对执法问题突出的地区,及时约谈领导干部,督促其从严查处违法违纪问题,始终保持对违法违纪和执法不规范问题的高压管控态势。

(6)进一步管好辅警队伍。辅警队伍是交通警察队伍的重要组成部分,也是违法违纪问题多发群体,对辅警队伍要坚持关爱和严管并重。一方面,关心关爱辅警队伍,多与辅警沟通谈心,尽力帮助解决其工作、生活中存在的实际困难。另一方面,要进一步规范辅警管理,严把辅警招录门槛,加强教育培训和日常管理,逐级落实管理责任;进一步明确辅警不具有人民警察身份,不具备执法资格,只能在交通警察指导或带领下协助开展工作,不得单独执法,不得对违法行为人作出行政处罚或者行政强制措施决定;要强化带班民警和辅警责任捆绑,辅警在执行职务中有违规违纪违法行为的,所在单位除严格追究辅警责任外,同时严格依纪依法追究带班、带勤、管理等责任民警以及所在单位领导责任。

参考文献

[1] 张爱红,龚标,俞春俊,等.中国道路交通事故深度调查方法体系研究[C]//Informn tiou Engeneering Research Institute.USA.Proceedings of 2013 3rd International Conference on Applied Social Science(ICASS 2013) Volume 4.

[2] 王晓燕,李平凡,王雪松.中国道路交通事故信息采集现状与改进研究[J].中国公共安全(学术版),2017(4):71-76.

[3] 周芬,舒强,董士俊.道路交通事故车辆深度调查与安全缺陷治理研究[J].汽车工业研究,2014(8):30-32.

[4] 张德松.道路交通事故调查要在五个深度上下功夫[J].道路交通管理,2018(5):26-28.

[5] 邵祖峰,胡军伟,尹晨.道路交通事故深度调查的历史梳理与内涵分析[J].警学研究,2018(6):101-110.

[6] 叶建昆.论如何用好道路交通事故深度调查工作机制推动交通安全形势向好发展[J].道路交通管理,2017(8):32-34.

[7] 唐剑军.对道路交通事故深度调查工作的思考[J].道路交通管理,2020(8):42-43.

[8] 公安部交通管理局.《道路交通事故处理程序规定》释义与实务指南[M].北京:中国人民公安大学出版社,2019.